Siga *em* *frente*

Célia Resende

Siga *em* frente

Entenda melhor os padrões de comportamento, as emoções, supere as dificuldades.

Prefácio
DR. LUÍS MÁRIO DUARTE
neurologista e psiquiatra

NOVA ERA

CIP-Brasil. Catalogação-na-fonte
Sindicato Nacional dos Editores de Livros, RJ.

R341s Resende, Célia
Siga em frente: entenda melhor os padrões de comportamento, as emoções, supere as dificuldades / Célia Resende; prefácio Luís Mário Duarte. – Rio de Janeiro: Nova Era, 2007.

ISBN 978-85-7701-157-5

1. Auto-realização (Psicologia). 2. Auto-percepção. 3. Emoções – Aspectos psicológicos. 4. Relações humanas. 5. Comportamento – Modificação. I. Título.

07-0418
CDD – 158.1
CDU – 159.947

Copyright © 2006 Célia Maria Resende Lopes de Aquino

Todos os direitos reservados. Proibida a reprodução, no todo ou em parte, sem autorização prévia por escrito da editora, sejam quais forem os meios empregados, com exceção das resenhas literárias, que podem reproduzir algumas passagens do livro, desde que citada a fonte.

Direitos exclusivos desta edição reservados pela
Editora Nova Era um selo da Editora Best Seller Ltda.
Rua Argentina 171 – Rio de Janeiro, RJ – 20921-380 – Tel.: 2585-2000

Impresso no Brasil

ISBN 978-85-7701-157-5

PEDIDOS PELO REEMBOLSO POSTAL
Caixa Postal 23.052
Rio de Janeiro, RJ – 20922-970

Para todos os que sonham
com um mundo melhor.

"Diante de mim estavam dois caminhos;
Eu escolhi o que era menos utilizado
E isso fez toda a diferença."

Robert Frost

Sumário

Prefácio   11
Introdução   15

PARTE UM: Entenda melhor seu universo interior

1   Tão longe, tão perto   21
2   Padrões   30
3   O poder da escolha   38
4   As vozes   49
5   Sobre o medo   54
6   Raiva e culpa   65
7   Estresse   77
8   Neurose é carma   87
9   Vestígios do tempo   93
10 A memória e o tempo   99
11 Sobre a vida e a morte   108
12 Estados depressivos   114
13 Laços obsessivos   124
14 Pais e filhos   131
15 A vida é um jogo   144
16 Encontros e desencontros   154
17 Sobre o amor   164
18 Mude sua vida   173
19 Dinheiro é troca   183

20 Sem medo do sucesso   190
21 Sem medo de ser feliz   200
22 A Terra é azul   204
23 Deslizando na luz   207

PARTE DOIS: Exercícios para mudar padrões

Introdução   217
24 Limpeza energética   220
25 Harmonização e saúde   221
26 Para combater o medo   222
27 Autoconhecimento   225
28 Para conhecer suas emoções   226
29 Para combater o estresse   227
30 Para combater a insônia   229
31 Para avaliar as pessoas que o cercam   230
32 Técnica de visualização criativa para combater a depressão   232
33 Para lidar com pessoa depressiva   234
34 Força mental   235
35 Harmonização dos chacras   236
36 Para fortalecer a vontade   239
37 Três passos para mudar hábitos negativos   241
38 Para superar preconceitos sobre o dinheiro   243
39 Para conquistar seus sonhos   245
40 Comunicação   246
41 Em harmonia com o fluxo da vida   247
42 Harmonizando o corpo com o espírito   249

A autora   253

Prefácio

Antes o vôo da ave, que passa e não deixa rasto,
Que a passagem do animal, que fica lembrada no chão.
A ave passa e esquece, e assim deve ser.
O animal, onde já não está, e por isso de nada serve,
Mostra que já esteve, o que não serve para nada.
A recordação é uma traição à Natureza,
Porque a Natureza de ontem não é Natureza.
O que foi não é nada, e lembrar é não ver.

Passa, ave, passa, e ensina-me a passar!

Fernando Pessoa (Alberto Caeiro)

Apresentar esta bela obra de Célia Resende é uma tarefa agradável e auspiciosa. Escolhi esse poema de Fernando Pessoa para introduzir a grande questão da psicologia transpessoal, da qual a autora é um dos expoentes em nosso país. A Quarta Força, como essa escola de psicologia é conhecida, procura estabelecer as bases de sua construção teórica sobre os alicerces da espiritualidade humana, reconhecendo o homem em sua dimensão essencial que transcende o complexo corpo-mente-intelecto. Postula e comprova, por meio de sua atividade clínica, que vivemos as experiências não só nesta existência, mas também em existências passadas e que, certamente, as viveremos no futuro, em outros tempos, locais e circunstâncias, conforme nossas escolhas atuais. Afinal, o que vivenciamos hoje é a soma total de nossos pensamentos, emoções e ações praticados no passado e modificados pelas nossas decisões atuais.

O poema mencionado faz a apologia do esquecimento e, parece, à primeira vista, que o trabalho precípuo de um terapeuta transpessoal é, simplesmente, o resgate de memórias soterradas pelo processo reencarnatório. Mas não é isso, em absoluto. Atualíssimos estudos em neurociência mostram que um dos principais atributos da memória é, pasmem, esquecer. O que pensamos ser passado, em verdade, é presente, por meio das memórias. Quando vemos um filme pela segunda vez, não estamos vendo o mesmo filme: somos outros vendo o filme, que nos mostra novas situações que antes nós não déramos conta. *A reprise existe apenas para os que não seguem em frente.* Quando não aprendemos, repetimos. Se a vida lhe parece um tédio, um mar de sentimentos e angústias, e tudo se assemelha a velharias, fique alerta e prossiga com a leitura deste livro: ela lhe mostrará a importância de aprender que *esquecer é lembrar de uma maneira diferente.* Se deixamos rastros emocionais de nossas vivências transatas é porque estávamos na circunstância de transeuntes terrenos, marcando nossa mente condicionada pelo peso de nossa ignorância metafísica, ou seja, com erro fundamental, o de identidade. A terapia transpessoal

Prefácio

nos remete aos abismos de nossa origem, quando nos damos conta de que somos, em essência, da natureza da Existência, Consciência e Felicidade.

Célia é como um guia na montanha, uma instrutora dos céus: nos ensinará nestas páginas, por meio de casos clínicos e exercícios para alterar padrões, a passar como as aves, a encontrar no Ser nosso caminho pleno de Paz, Serenidade e Felicidade. Admirem a nova paisagem que a autora nos mostra.

Luís Mário Duarte
Psiquiatra e neurologista

Introdução

Matheus, meu neto de 9 anos, apresentou-me um exemplo muito claro dos conflitos que o ser humano tem de enfrentar desde a infância. Certa vez, diante de uma situação que ele acreditava ameaçar seu mundo familiar, sentiu-se atormentado pelo duelo entre a razão e os sentimentos. Por uma semana ele dividiria seu espaço afetivo com uma hóspede de 8 anos, cuja mãe, minha amiga, sofrera um acidente. Matheus me procurou para desabafar sua angústia:

— É muito estranho, vó; eu nunca senti isso antes. Quando a vejo lendo minhas revistas e fazendo parte da nossa família, tenho vontade de ir até ela e lhe dar uns tabefes, mas logo em seguida, olho bem para ela e penso: "Ora, ela é apenas uma menina que está esperando a mãe sair do hospital."

Momentos como esse estarão sempre em nossas vidas, e como vamos vivenciar a dualidade é que determinará toda a diferença: nossa vida pode tornar-se um inferno, se optarmos por seguir um padrão de perfeição idealizado, dando murros em ponta de faca, perseguindo uma meta inatingível.

O que fazer, então? Pergunta constante no consultório e nos auditórios em que realizo palestras sobre o tema, eu respondo a ela sem qualquer constrangimento: errar, errar e errar. Só assim aprenderemos e nos tornaremos pessoas melhores. Pela vida afora tenho encontrado pessoas encantadoras que nunca tentaram alcançar o patamar dos deuses. Misturam qualidades raras com defeitos, que dão a cada uma delas características inigualáveis. Em contrapartida, aqueles preocupados em servir de modelo de perfeição, sem exceção, são muito desinteressantes.

No primeiro livro que escrevi, *Terapia de vidas passadas* (1999), levantei a questão "Quem somos, de onde viemos e para onde vamos?"; no segundo, *Nascer, morrer, renascer*, abordei o tema "de onde viemos" e, neste, apresento questões básicas para entender "quem somos". Para isso, no entanto, é preciso abandonar a idéia fixa que nos persegue a ordenar que sejamos bons e felizes, e negar a condição humana que está muito distante do ideal de perfeição. Muitos conceitos equivocados levam a acreditar que ser uma boa pessoa é não ter defeitos.

Este livro é indicado a pessoas que percebem que podem ser melhores, que estão buscando entender "quem são", cientes de seus pontos fracos e interessadas em desenvolver os pontos fortes em sua personalidade. Selecionei alguns casos clínicos e experiências de relacionamentos afetivos e profissionais, exemplos que ajudam a compreender o vasto universo interior de cada pessoa — suas angústias, a dualidade e a busca de integração. Não existe modelo a seguir, não existe receita, apenas sinalizações com base no que temos em comum uns com os outros. Indicações de como viver melhor, abandonando crenças inadequadas, reformulando padrões destrutivos, participando do roteiro de nossas vidas e da construção do nosso caminho evolutivo.

A parte dois apresenta exercícios que devem ser postos em prática sempre que possível, porque todo conhecimento que não é praticado perde o sentido. Desta forma, espero que tais exercícios se tornem um novo hábito para o leitor interessado em mudanças e disposto a construir uma vida melhor.

PARTE UM

Entenda melhor seu universo interior

1 Tão longe, tão perto

O BEBÊ NASCE. O GRANDE DESAFIO FOI ULTRAPASSADO, SEU primeiro ato heróico. Desse momento em diante, a vida vai exigir dele uma constante adaptação para garantir a qualidade de sua sobrevivência: a alimentação sólida, o equilíbrio sobre as pernas, a comunicação verbal, a escrita, o amor, as vitórias e as derrotas. Todos, sem exceção, passam por essas fases, mas apenas alguns aprendem a lidar com as perdas que cada etapa apresenta, e os que não alcançam esse aprendizado encontram-se despreparados para novas situações. O resultado é andar em círculos que nunca se fecham.

Em vez de aprender a aceitar as mudanças com flexibilidade, tomamos como exemplo, desde a escola, os modelos fixos, na contramão da lei básica da vida: a impermanência. Nascer, crescer, envelhecer e morrer são movimentos inevitáveis.

Quando chegamos ao mundo terreno, nosso primeiro desafio é aprender a lidar com o constante movimento, o fluxo e o refluxo da vida. O corpo, que adquirimos ao nascer, permite o deslocamento na densidade da matéria e uma infinita capacidade de realização por meio do seu sofisticado mecanismo cerebral. O pensamento rege todas as nossas ações e tem como tarefa principal administrar os sentimentos. Pude observar, pela experiência clínica, que o pensamento e a intenção têm muito a ver com a criação do mal-estar ou do bem-estar em nossas vidas. Os vícios e becos sem saída em que nos metemos têm sua causa na maneira como conduzimos nossos próprios pensamentos ou nos deixamos conduzir por eles. Um bom exemplo é a compulsão: existe um momento em que tudo começa, e a terapia deverá ajudar o paciente a voltar no tempo e a encontrar esse primeiro momento.

Geralmente, a compulsão está associada a um grande vazio, à perda e aos sentimentos reprimidos, inconscientes. Comer demais, fazer sexo em demasia, beber exageradamente e todos os outros excessos que cometemos na vida são tentativas de burlar um sentimento de vazio, uma perda insubstituível. Compreender a causa da compulsão, aceitar a falta e perceber um padrão que escraviza a um comportamento destrutivo é a primeira etapa da transformação pessoal.

Manuela, filha única, se sentia o que de mais importante havia na vida do pai, até que, estando ela com 13 anos, seus pais se separaram e ele foi viver com uma jovem pouco mais velha do que ela. Manuela, que era magra e alegre, transformou-se numa adolescente rebelde, e, uma vez que sentia medo de drogas, a comida passou a representar o vício capaz de preencher o grande vazio causado pela separação dos pais. Realidade ou imaginação, ela achava que o pai havia dividido a atenção que deveria dispensar totalmente a ela com a nova namorada, uma jovem que poderia ser sua irmã. Isso se tornou insuportável para ela. Sentia-se desvalorizada e preterida, e reagiu tornando-se agressiva e mal-humorada. Quando procurou a terapia, Manuela estava muito acima do peso ideal para sua idade. Conhecia todas as dietas, pois mal iniciava uma, logo a trocava por outra, mais moderna, que oferecesse mais vantagens. Enquanto isso, seu peso aumentava e diminuía, no efeito sanfona. A terapia demorou o suficiente para levá-la a compreender sua responsabilidade pelo fracasso. No fundo, ela se enganava quando dizia querer emagrecer. Manuela descobriu, com certo sofrimento, que se manter acima do peso era a forma de agredir um pai que exaltava mulheres bonitas e era um grande sedutor. Alimentara de forma inconsciente a ilusão de que gorda atrairia de novo sua atenção e o castigaria pelos danos que, segundo ela, ele lhe causara.

À medida que compreendemos as razões, equivocadas ou não, que dirigem inconscientemente nossas ações, é possível substituir esses pensamentos e romper com os vícios e apegos. O mesmo acontece quando se trata de vidas passadas. Nada mais democrático do que reencarnar num novo lugar, numa família diferente, até com outro sexo, cor, raça e numa situação social e financeira diversa. Cada nova reencarnação significa uma nova possibilidade de fazer de modo diferente, e o que atrapalha o bom resultado dessa experiência são os padrões negativos que trazemos das vidas anteriores. Encontramos pessoas e situações que resgatam exatamente nossas dificuldades mais penosas e pronto: vem a recaída, repetimos tudo, os antigos hábitos falam mais alto.

Vejamos o caso de outra paciente que trouxe na bagagem de vidas passadas o padrão de solidão e abandono como seu ponto fraco. Na vida atual, os pais de Luciana, preocupados apenas com os próprios problemas, fracassaram na construção de uma vida familiar segura e afetuosa. O lema era: "Cada um por si." Luciana, apesar de desejar construir uma família no padrão que considerava satisfatório, vivia repetindo o modelo dos pais, acumulando uma bagagem ainda maior de solidão e abandono. As frustrações eram cada vez mais intensas, até que ela entrou em profunda depressão quando percebeu que não tinha mais amigos e que estava saindo do terceiro casamento. Luciana agia com extrema arrogância para se defender do medo de ser desprezada e desvalorizava aqueles com quem se envolvia afetivamente.

O que pode ser feito para facilitar as mudanças e evitar as armadilhas do passado? Cada pessoa tem sua história, um caminho diferente, mas a caminhada se torna mais fácil quando aceitamos os sentimentos e conhecemos os conflitos que carregamos, principalmente se entendermos que é preciso algum esforço para aprender à força, pois nem sempre o aprendizado acontece de livre e espontânea vontade.

Se fizermos uma pesquisa sobre as principais causas da infelicidade, certamente encontraremos muitos pontos comuns, independentemente de sexo, nível social e faixa etária, como, por exemplo, o medo do fracasso e do abandono, não necessariamente nessa ordem.

Por conta disso, cometemos equívocos de toda sorte: vamos pegando atalhos, saindo da estrada principal, até nos perdermos em caminhos que nos distanciam de nós mesmos, atraídos por situações e pessoas com as características que vão se encaixar, perfeitamente, na nossa engrenagem — para o bem ou para o mal.

A intenção deste livro é apresentar reflexões a partir de exemplos do que se encontra por trás dos atos mais simples do relacionamento humano — os sentimentos inconscientes que nos guiam, muitas vezes, para onde não desejamos. Aceitar e reconhecer os próprios erros, e abandonar os padrões de perfeição e felicidade que nos foram impostos, facilita o aprendizado. Nem tudo acontece do jeito que imaginamos, e reagimos mal quando descobrimos que nem sempre somos fortes e imbatíveis, que Papai Noel não existe, que nossos pais não são superpoderosos e que as guerras virtuais nos jogos eletrônicos acontecem de verdade no mundo — destroem casas, mutilam e matam pessoas e sonhos.

Para não perder o equilíbrio entre os dois mundos, o imaginário e o real, a regra do bem viver exige que se aprenda a lidar com os sentimentos. Não adianta espernear. Perda e dor não existem separadas do amor, e todos — ricos ou pobres, ignorantes ou sábios — terão de passar por isso. Como cada um vai lidar com os sentimentos é que definirá a qualidade de cada vida.

O maior desafio é estabelecer um diálogo harmonioso entre a cabeça, que sabe o que é melhor, e o estômago, que insiste em dar reviravoltas quando alguma ameaça desponta no cenário. Os dramas do cotidiano, estampados nas primeiras páginas dos jornais, revelam a corda bamba na qual nos equilibramos, entre razão e sentimentos, na tentativa de harmonizar os conflitos que se desenrolam na extensa região da memória.

Ajuda muito, antes de seguir um impulso, perguntar-se: "Quem está fazendo essa escolha?", trazendo à tona a consciência do que está por trás de cada impulso. São muitos os casos acompanhados em meu consultório, exemplos que revelam que uma pessoa pode ser profunda conhecedora de arte, matemática, filosofia, mas, se não souber manter o equilíbrio entre a razão e os sentimentos, acabará dominada por suas angústias e sofrimentos.

É comum seguir um modelo de felicidade absorvido culturalmente. Os romances de outrora trazem a idéia de homens perfeitos levando ao altar donzelas desprotegidas, num *happy end* selado com um longo beijo. Ser feliz dependia de um casamento, casa própria, filhos e uma cozinha bem montada, e, nos países frios, de um cão de raça ao lado da lareira.

Alimentar as dores de uma paixão mal correspondida é um padrão muito comum, sobretudo nos países latinos, aspecto que serviu como cenário para os dramalhões mexicanos da década de 1950 que influenciaram toda uma geração. Hoje, a maioria das telenovelas continua moldando o inconsciente coletivo por mitos de sucesso que não resistem a um conflito mais prolongado, relações descartáveis facilmente substituíveis e pessoas despreparadas para enfrentar as frustrações naturais que a vida apresenta.

Tão longe, tão perto

A maior parte das relações humanas se baseia na dependência e no apego. Somos egoístas e nos tornamos escravos dos desejos: medo, raiva e culpa nos impedem de tomar as rédeas da nossa própria vida. Desconhecendo a origem dos sentimentos que nos levam a agir desta ou daquela maneira, perdemos a direção de nossas vidas. Levados pelo instinto, como no tempo das cavernas, tentamos sobreviver sem contato com a razão, pois ainda não sabemos usar esse poderoso instrumento a nosso favor: ou raciocinamos sem levar em conta as emoções, ou nos deixamos levar pelos sentimentos sem nenhum bom senso — dramáticos sofredores agindo como se a alma tivesse escapado do corpo sem deixar vestígio.

Após vivências traumáticas, muitas pessoas seguem impavidamente, como se nada tivesse acontecido. De "cabeça fria", jogam a dor nos porões do inconsciente, onde ela vai se juntar a outros sentimentos aprisionados. Um dia, com a maré ruim, a soma dessas emoções poderá emergir, tornando difícil devolvê-las ao inconsciente: a mente perde o controle, o medo se transforma em pânico e, como numa represa que extrapolou o nível de água, transborda.

Outras, no entanto, percebem a realidade de forma oposta: entregam-se a experiências excessivamente emocionantes, acreditando que os sentimentos devam dirigir sua existência, e vivem num verdadeiro parque de diversões levadas por constantes avalanches de emoções que poderão tornar a vida uma insustentável "casa do terror".

O que fazer, então?

Procurar religar a ponte que une a razão aos sentimentos, que em algum lugar do passado uma forte tempestade emocional pôs abaixo. O primeiro passo é a mente tomar consciência dos sentimentos e de sua origem, e qualquer tentativa de burlar essa ordem será malsucedida.

Existem pessoas que estão mergulhadas em medos e depressão sem uma causa visível. Embora tenham uma família amorosa, uma vida profissional sem problemas e gozem de boa saúde, encontram-se perdidas no vazio, sentindo enorme angústia. Com o passar do tempo, acabam adoecendo, em conseqüência do constante mal-estar — a saúde comprometida por anos de desânimo, imobilidade e maus tratos. Além das circunstâncias e dos fatores genéticos, existe a interação entre as emoções e o mecanismo metabólico do corpo humano, e as doenças sinalizam quando algo está em desequilíbrio no organismo.

A cada dia fica mais evidente que o corpo não existe separado da mente. Estudos científicos já revelaram que o estresse diminui o sistema de defesa do organismo, provocando infecções e uma série de doenças decorrentes da falência do complexo imunológico.

É importante considerar a questão emocional no tratamento de qualquer doença, mesmo de uma simples gripe. Já existem pesquisas, a exemplo da realizada pelo Hospital das Clínicas de São Paulo, que tentam encontrar correspondência entre a doença e o estado emocional do paciente. Compreender as emoções e seus significados e buscar a origem dos sintomas é um passo importante. Descobrir o equilíbrio entre razão e sentimentos faz parte da nova corrente médica que inicia os primeiros passos na compreensão dos processos de cura. Isto significa que o futuro sinaliza a união da psicologia transpessoal, que aceita a realidade além da matéria, da medicina e das práticas espiritualistas com a sabedoria oriental, que sempre considerou que a mente e as emoções afetam diretamente o sistema físico.

2 Padrões

Super-homem, superpai, supersensual, superesposa, supermãe, superfilhos, super, super, super. Como suportar esse inatingível nível de exigência?

Passamos a vida tentando alcançar a perfeição, dissimulando os pontos frágeis, negando a condição humana com receitas de comportamento, de felicidade, com padrões que prometem agradar aos homens, às mulheres, ao patrão, com fórmulas da juventude eterna. Ah! essa vende mais que todas. Um bom exemplo é a tirania dos padrões de beleza impostos pela mídia. Por medo de não serem amados, tanto o homem quanto a mulher passam a viver em função de dietas e de moderadores de apetite, escravos de padrões estéticos estabelecidos pela sociedade. Desta forma, se afastam da sua natureza interior, provocando sentimentos de angústia e solidão. Antes de se sentir amado pelos outros, é preciso aceitar-se e se amar incondicionalmente. Caso contrário, nenhuma dieta trará bons resultados, nenhum tratamento de beleza será satisfatório.

No caso da mulher, se considerarmos a luta que ela vem travando para reduzir a carga histórica de submissão, deixar-se levar pela tirania dos padrões de beleza parece um movimento contrário a todas as conquistas já realizadas. Novos elos que aprisionam estão por trás dos modelos de perfeição das deusas que aparecem nas fotos publicitárias, modeladas por dietas torturantes, maquiagem e sofisticados métodos de correções computadorizadas, ou cirurgias plásticas excessivas.

Difícil é encontrar o equilíbrio entre a realidade interna e a externa, para uma convivência pacífica. Nem deuses nem demônios. Todos possuímos uma parcela divina em oposição aos desejos primitivos; nem sempre é possível a harmonia entre as partes. Para que isso aconteça, cada desejo que brota do inconsciente deve ser ouvido, avaliado, domesticado.

Se uma pessoa pensar repetidamente que não é bonita e seu olhar estiver condicionado a esse padrão de pensamento, ao se olhar no espelho ela se verá feia, porque sua realidade será afetada pelo olhar subjetivo.

De tanto querer agradar para se sentir incluída no padrão geral, a maioria das pessoas evita enfrentar seus medos e o desconforto de se aceitar imperfeita. Elas passam a viver da imagem que fazem de si próprias, até que um dia os medos acumulados irrompem e, como uma sombra, invadem sua suposta tranqüilidade. Medo, onde nenhuma ameaça existe; ódio, quando ninguém está atacando; imobilidade, quando é preciso reagir e se defender. O mundo interior deixa de perceber com clareza a realidade do que está ocorrendo no exterior.

Vamos acompanhar o caso de Roberto, que chegou ao meu consultório angustiado, aflito e perturbado por uma crise de pânico. Ele descreve o que sente, mas desconhece a causa. Desprotegido, sem qualquer controle do que se passa nos bastidores de sua mente, apresenta sudorese intensa, tomado pelas emoções e pelo pânico. A terapia o ajudou a descobrir que as crises começaram quando sua esposa atingiu sucesso profissional. Ao entrar em contato com sentimentos inconscientes, percebeu que enquanto ela dependia dele economicamente ele se sentia seguro. Quando ela se tornou independente, Roberto passou a se sentir inseguro, vivendo a ameaça de ser abandonado.

Algo terrível rondava sua vida e ele não sabia do que se tratava, até que aflorou nele um forte sentimento: "Tenho medo de que a qualquer momento ela venha a me abandonar, já que não precisa mais de mim." Penetrando mais e mais no seu inconsciente, ele descobriu que no fundo acreditava que estavam juntos apenas porque ela precisava dele financeiramente. A causa que se revelou foi a insegurança que Roberto trazia da infância, um fantasma assustador que, até então, não havia sido identificado.

Assim que descobriu que não acreditava ser capaz de tê-la a seu lado somente por amor, iniciamos a segunda etapa do processo — a mudança do padrão criado na infância, em que era o filho temporão de muitos irmãos. Diante dos irmãos bem mais velhos, ele se sentia abandonado e desprotegido. A terapia o ajudou a ter mais consciência do que se passava no seu universo interno. Começou, então, a elaboração de uma nova conduta, com base em novos valores. A esposa mudara e, para que o relacionamento continuasse sadio, ele também teria de mudar. Para isso, o sucesso profissional dela deveria ser aceito como algo bom para ambos. Essa decisão levou embora o pânico e abriu uma nova possibilidade para o relacionamento de Roberto com a esposa.

Relacionamentos são jogos: quando alguém muda, todo o jogo muda. Se ambos não se adaptarem às novas regras, o relacionamento chegará ao fim, mesmo que o medo continue empurrando a relação. Nesse caso, em vez de relacionamento, estarão carregando um cortejo fúnebre do que tiveram no passado.

Qualquer padrão que traga sofrimento constante deverá ser reformulado, como, por exemplo, o medo que impede a pessoa de progredir na profissão. Em algum momento da vida já nos encontramos diante de uma situação em que nenhuma ordem mental conseguiu colocar em movimento qualquer parte do nosso corpo. Como estátuas, nos encontramos imobilizados pelo pânico, sem que o pensamento conseguisse nos tirar da inércia.

Gilda é um outro exemplo. Advogada criminal, procurou a terapia para descobrir a causa do enorme sofrimento que sentia toda vez que era marcada uma audiência. Dias antes, ela enfrentava uma verdadeira tortura: má digestão, dores musculares, insônia e a sensação de que não conseguiria sobreviver ao contato com o público. Ao pesquisarmos sua memória biográfica, encontramos uma família cujo pai era bastante crítico e a quem ela nunca conseguira agradar. Mais atrás na linha do tempo, ela relembrou um episódio de uma vida passada, entrando em contato com a origem de seu problema. Diante de uma multidão, ela se encontrava em praça pública para defender-se da acusação de bruxaria. Como não conseguisse argumentos que comprovassem sua inocência, acabou condenada e queimada numa fogueira diante de todos. Para a vida além da morte, ela levou o medo de enfrentar o público e a falta de confiança na sua capacidade de falar e convencer, tudo isso registrado em sua memória inconsciente.

Em se tratando de entrar em contato com esses registros inconscientes, a regressão de memória oferece bons resultados porque permite reviver os fatos traumáticos desta vida e de vidas passadas. À medida que os traumas bloqueados no inconsciente vão sendo liberados, a pessoa se torna mais lúcida, inteligente e criativa.

Por que, então, fazemos tão pouco uso dessa memória? Porque estamos viciados em evitar o que é novo, ignorando realidades que se encontram fora dos limites das nossas percepções físicas: os cinco sentidos passam a ser a fronteira de nossa realidade. A memória de vidas passadas está além da realidade física porque seus registros não se encontram no cérebro, apenas passam por ele, da mesma forma que um programa gravado em disquete é acessado em um computador. Se o aparelho utilizado deixar de funcionar, o programa permanecerá no disquete e poderá ser lido em outro computador — não será perdido. Assim é a memória de nossas experiências anteriores a essa vida.

Por isso, temos a nosso dispor diferentes programas vividos no passado e registrados em nosso inconsciente, que podem nos ajudar a compreender a causa e a curar muitos distúrbios que prejudicam nossa vida atual.

Um problema bastante comum é a compulsão alimentar, em cuja origem há fortes sentimentos de desamparo, medo de se expor ao olhar do outro e grande vazio afetivo, geralmente despertados na infância.

Vera procurou a terapia quando percebeu que estava trinta quilos acima de seu peso e que nenhuma dieta era seguida até o fim, sendo sempre substituída por outras, que prometiam resultados melhores. A busca da origem de seu problema trouxe o abandono da mãe quando ela ainda não havia completado 3 anos. Mais atrás no tempo, a regressão a levou a uma vida anterior, na qual sofreu abandono dos pais, seguido de abuso sexual na infância. Essas duas experiências dolorosas criaram um padrão de desproteção e violência. Engordar foi a maneira que Vera encontrou na vida atual de evitar o olhar masculino, afastando, assim, qualquer possibilidade de algum tipo de violência.

Apesar da distância de apenas alguns centímetros entre o mundo exterior que nos cerca e o nosso universo interior, as idéias inconscientes se colocam um tanto longe das emoções — a maior parte delas, inconscientes. Quantas vezes gostaríamos de nos aproximar de alguém ou de nos afastar rapidamente, ou de fazer algo coerente com o que estamos sentindo e pensando, mas tudo se encontra distante e inalcançável.

Compreender um padrão negativo criado numa vida anterior facilita a mudança de comportamento. Foi o que aconteceu com Ana, uma paciente que numa vida passada foi um guerreiro indígena assassinado por uma tribo invasora que dizimou seu povo. Com a regressão, ela descobriu que trouxera da vida anterior o padrão de culpa por não ter sido capaz de garantir a sobrevivência de sua tribo e a sensação da derrota e o sentimento de humilhação que sentiu ao morrer.

Ana se sente responsável por tudo e, por isso, nunca diz "não", está sempre à disposição de todos, colocando-se em último lugar. Isto a leva a um profundo esgotamento físico e emocional. Com esse padrão de comportamento, ela costuma se contentar com migalhas, tanto na vida afetiva quanto na profissional, sempre cedendo lugar, escondendo-se atrás do medo de fracassar e transferindo sua realização para o sucesso daqueles que ela ajuda a melhorar na vida.

A peça mais importante que falta no quebra-cabeça de Ana é compreender a causa desse seu comportamento. Sente-se superior, nada tendo a receber, e a posição de cuidar dos outros lhe confere a ilusão de ser mais forte que eles. Como ela sente muito medo de ficar sozinha, o fato de estar sempre à disposição é uma forma de garantir companhia. Mas, quando precisa, Ana não encontra ninguém disponível para ajudá-la. Na realidade, ninguém acredita que ela precise de ajuda, já que aparenta ser auto-suficiente. Seu pedido de ajuda não está claro nem revela sua real necessidade, porque o orgulho a impede de mostrar fraqueza.

Mudar os hábitos, sair do automatismo, traz a consciência para o tempo presente. Por isso, o ensinamento zen-budista orienta que, antes de querer mudar as pessoas, é preciso mudar seus pensamentos, pois só assim seu comportamento será transformado, e sua vida também, e, então, sua família e o mundo à sua volta serão afetados pela sua mudança.

À medida que aceitamos transformar o cotidiano em algo simples porém criativo, outros caminhos se apresentam, voltados para a harmonia e o bem-estar — entre eles, o convívio com a arte. Sem dúvida, as produções criativas que embelezam a vida humana — filosofia, teatro, música, literatura, cinema, fotografia, artes plásticas — surgem da capacidade que algumas pessoas têm de transformar seus monstros interiores em obra de arte. E a convivência com a beleza e a sensibilidade ajuda a modificar o olhar, possibilita uma nova visão da vida repleta de nuanças que antes passariam despercebidas. É por isso que iniciar o aprendizado e a compreensão do vasto universo interior é tarefa para toda a vida. Ronie Lima, meu marido, disse uma vez, brincando: "Sabe de uma coisa? Seria bom e confortável acreditar que a morte representaria o fim de tudo e que nos traria realmente o descanso final. Que nada! Depois que se começa na estrada do autoconhecimento o trabalho continua mesmo depois da morte. Do outro lado da vida, pelo que se tem notícia, o aprendizado não pára."

É isso aí: ao atingirmos uma etapa, outra se apresenta, e vamos tentando modificar os padrões inconscientes desta vida e das vidas futuras. Entre uma tempestade e outra, com muito esforço, chegamos à terra firme, e, quando olhamos para trás, vemos quanto navegamos e, à frente, quanto falta navegar.

3 O poder da escolha

SEM DÚVIDA, É EMOCIONANTE QUANDO ALGUÉM CONSEGUE romper um momento banal nos surpreendendo com toda a beleza do ser humano: o sorriso de uma criança; um gesto generoso e inesperado; o anjo que temos e que, às vezes, se revela luminoso, abrindo espaço entre os demônios que nos cercam.

Somos capazes de grandes feitos e também de baixezas inimagináveis, fazendo oscilar os pratos da balança, equilibrando-nos no enredo das paixões — a luta travada entre o coração e a razão pelo poder. Quando os dois dão uma trégua, uma sinfonia divina ecoa, e dessa harmonia surgem momentos inesquecíveis.

A cada vida aprendemos com os erros cujas escolhas determinarão o resultado de nossa vida atual. Vamos crescendo acuados, censurados toda vez que cometemos alguma falta. Passamos para a vida adulta acreditando que o melhor a fazer é acertar sempre. Tarefa impossível. Lá vamos nós, trôpegos, tentando convencer os outros e a nós mesmos de que somos criaturas perfeitas. Padrão difícil de suportar. A cada esquina da vida, esbarramos com nosso lado detestável e, mais uma vez, o empurramos para o fundo do baú. Colocamos a máscara da perfeição e seguimos em frente. Não por muito tempo. Até que um dia, estressados, percebemos que não dá para continuar de tal jeito e, quando decidimos mudar, descobrimos que um longo caminho se apresenta: uma enorme parafernália de "eus" debatendo-se para conseguir destaque.

Quem somos nós?

Na primeira etapa do processo de autoconhecimento é comum a culpa cair inteirinha em cima dos pais. A mãe megera, o pai omisso, não obrigatoriamente nesta ordem. Afinal, existem mães omissas e pais opressores.

A segunda etapa, mais dolorosa, já que a raiva se volta contra nós mesmos, apresenta padrões de: "Como sou dependente e controlador, só posso mesmo ser abandonado." E, assim, seguimos nos acusando até a terceira etapa na qual se instala um certo equilíbrio: nem tanto ao mar nem tanto à terra.

Nossa consciência é construída com base na bagagem que trouxemos de outras vidas, na família e no meio ambiente atuais, e poderemos ser, em algumas ocasiões, terrivelmente egoístas ou inseguros e, em outras, generosos ou heróicos. Encontrar o caminho do meio leva tempo, como leva tempo para se formar um médico, engenheiro, professor, mecânico, dentista e, mais tempo ainda, para se formar uma pessoa de verdade! Não falo de cópias desbotadas, mas do ser humano que é capaz de admitir que pouco ou nada sabe, e de iniciar, de forma excitante, o reconhecimento de si mesmo.

Entrar no campo das emoções e sentimentos, desvendar a alma e mergulhar no imenso oceano do inconsciente podem exigir anos de dedicação. Uma tarefa para toda a vida — para todas as vidas —, que o ser humano com seus múltiplos talentos é capaz de realizar, é conhecer intimamente a colcha de retalhos que representa o pensamento. Com sensibilidade e vontade firme, é possível construir uma ponte ligando nossa realidade interna ao mundo exterior, tornando-os aliados entre si.

Boa parte do sofrimento humano decorre da ruptura entre esses dois mundos. Quando o indivíduo estabelece um bom relacionamento consigo mesmo, fica mais fácil fazê-lo com os outros. A interação entre os universos humanos é essencial desde o ventre materno, quando o feto se relaciona com a mãe como se ambos fossem um só ser, e percebe por intermédio dela o mundo exterior. Ao sair do ventre materno, há muito que aprender. À medida que vamos crescendo e fortalecendo relações, percebemos que existe vida além do nosso próprio umbigo. E, se não aprendermos naturalmente, a vida se encarregará do aprendizado forçado.

Assim como o bebê fortalece os músculos das pernas aprendendo a andar, a criança fortalece os relacionamentos aprendendo a trocar. Assim ela aprende. Assim se desenvolve. Começam as escolhas, começa a responsabilidade. É importante descobrir quem somos, o que queremos, o que é possível, para onde vamos, quem são os amigos, qual a profissão, o parceiro, o número de filhos etc.

Poucos têm coragem de enfrentar a pressão familiar e a social quando entendem que ter filhos não é prioridade nas suas vidas, e acabam cedendo. Quando virá o bebê? Qual dos dois tem problema de infertilidade? Até agora nada? — são as perguntas clássicas.

Anos depois, afastados de seu próprio caminho, correm ao consultório à procura de ajuda para descobrir quem são e onde foi que se perderam.

Para quem quer ter filhos e não consegue, é bom entender que existem mistérios circulando à nossa volta, e que aceitá-los ajuda bastante no convívio com a realidade, às vezes bem diversa daquilo que planejamos. De nada adianta teimar e insistir naquilo que não acontece; o melhor é seguir em frente, buscar novas oportunidades e criar compensações — ou optar pela adoção.

Quando não temos consciência do que precisamos para uma vida harmoniosa, deixamos perdido o rumo de nossa trajetória. Seja na área profissional, seja na social, seja na afetiva, ficamos à mercê da maré, e os resultados quase sempre são desastrosos.

Alice chegou ao consultório sentindo-se perdida, sem saber o que fazer da vida. O pai, além de alcoólatra, deixava rastros das suas traições, para que fossem descobertas pela esposa. A mãe de Alice "tapava o sol com a peneira" e, para manter a família unida, tudo suportava. Assim, ela cresceu sem acreditar nas suas percepções, já que sabia dos casos extraconjugais do pai, mas a mãe a fazia acreditar que nada acontecia. Que tudo não passava de boatos.

Alice cresceu deixando a vida levá-la: não fazia escolhas conscientes, não sabia o que era melhor para ela, seguia apenas o padrão familiar que ditava "confusão". E assim foi o seu casamento. Deixou-se encantar pela bela aparência de Fernando, e, a partir daí, acreditou ser ele o que ela poderia encontrar de melhor na vida. Por conta de sua baixa auto-estima, tornou-se cega e surda a qualquer evidência que mostrasse o contrário. Fernando estava longe de ser o companheiro com quem ela esperava dividir as alegrias e as tristezas da vida: só pensava em si próprio, e as pessoas serviam, apenas, para alimentar sua vaidade e seu egoísmo.

Pouco tempo depois do casamento, a vida de Alice se tornou um inferno. O marido sedutor sempre deixava rastros de suas infidelidades, garantindo, assim, a atenção exclusiva da esposa. Ela passava o dia atormentada com as possíveis traições do marido. Possíveis porque ele sempre encontrava um jeito de convencê-la de que tudo não passava de um grande engano, fruto de sua imaginação fértil.

Seu poder de persuasão era tanto que Alice passou a duvidar da sua própria lucidez, a ponto de temer a perda de seu equilíbrio emocional. Não percebia que estava repetindo o padrão de sua mãe — a mesma ansiedade, insegurança e angústia que fizeram parte de sua infância. Revistava bolsos, ouvia pela extensão as ligações telefônicas de Fernando, à procura de pistas que provassem que o que estava percebendo não era loucura.

Certa vez, conseguiu o endereço de uma das amantes do marido e, bancando o Sherlock de saias, invadiu a casa, surpreendendo os dois em flagrante. Passado o momento de desespero, ele conseguiu acalmá-la e virou o jogo, convencendo-a de que tudo só havia acontecido por culpa dela. Segundo ele, cansado de tanta desconfiança, acabou não resistindo à tentação. Fora "a primeira e única vez, e não aconteceria novamente".

Somente depois de muito sofrimento Alice, finalmente, percebeu a que ponto havia chegado e, como se encontrava no fundo do poço, procurou a terapia para sair do jogo perverso em que se encontrava. Começou o tratamento e, um ano e meio depois, optou pela separação.

O ponto decisivo na sua transformação ocorreu quando entendeu sua parcela de responsabilidade no jogo do relacionamento com Fernando, consentindo nos maus tratos que ele lhe impunha: "Eu pensava que só conseguiria abandoná-lo quando deixasse de amá-lo. Agora sei que ainda o amo, mas vou deixá-lo, porque nunca mais vou permitir que alguém me maltrate desse jeito."

O final poderia ter sido outro? Sim, se o casal mudasse de comum acordo as regras do jogo, estabelecendo um novo formato para a relação. Não existe fórmula para os relacionamentos, apenas que sejam construtivos, com base no afeto e na compreensão.

O medo de fazer escolhas costuma vir da possibilidade de perdas, da incapacidade de aceitar que a vida não oferece garantias. É difícil levar em conta que qualquer escolha tem vantagens e desvantagens, e não escolher já significa uma escolha. Não é possível fugir disso nem ficar passivo diante do medo da frustração. Esse é o pior caminho, porque, além de nos fazer perder o leme de nossas vidas, não impede que tenhamos de conviver com boas doses de frustrações.

Vamos imaginar que, ao nascer, cada pessoa recebesse ingredientes diferentes, com os quais pudesse criar alimento para sobreviver. Uns iriam preferir ficar de olho no vizinho, lamentando a quantidade ou a qualidade da matéria-prima que tivessem em mãos. Outros tratariam de preparar seu alimento a partir do que possuíssem, às vezes trocando o que houvesse a mais pelo que estivesse em falta.

Existem várias maneiras de combinar os mesmos elementos, e isso levará a resultados diferentes. Os que tentam extrair o máximo daquilo que possuem produzem receitas saborosas. Aqueles que ficam se lamentando, achando que estão em desvantagem em relação a quem está a seu lado, acabam sem nada realizar.

Caímos aqui e ali, aprendemos a levantar, e, fortalecidos após cada tombo, as vitórias vão sendo gravadas em nossa memória, construindo nossa história e nossos registros de sobrevivência. Sinalização a que poderemos recorrer sempre que nos sentirmos perdidos, que nos ajuda a fazer escolhas, a aproximar ou afastar pessoas, exercitando o chamado livre-arbítrio.

Diante das agruras da vida, podemos escolher caminhos diferentes: lamentar o que não temos, comparar o que temos com os que estão em melhor condição, ou procurar ultrapassar as dificuldades, as barreiras e as deficiências, abrindo novas portas e possibilidades a partir daquilo que temos.

Não posso deixar de agradecer a Paul Melki, um exemplo entre outros anônimos, que faz questão de mostrar que a vida é um grande jogo de possibilidades, cujo objetivo é ser feliz. Alguns recebem bons ingredientes; outros terão de fazer o melhor que puderem com o pouco que receberam.

Entrei em contato com Paul por intermédio de Chantal, uma amiga francesa que me apresentou o livro autobiográfico desse jovem que tinha 18 anos em 2004: *Journal de bord dún détraqué moteur* (Calmann-Lévy).

Por que estou citando Paul nessa história de livre-arbítrio? Porque precisamos de exemplos como o dele — de coragem, persistência e força de vontade. Ao ler as primeiras linhas de sua história, percebi a grandeza daquele espírito, que luta para se expressar por meio da comunicação facilitada, a que utiliza a ajuda de alguém para direcionar o dedo do deficiente motor sobre o teclado do computador. Anos de treinamento doloroso levaram Paul a superar as barreiras que o corpo físico lhe impôs. É preciso falar um pouco de sua experiência para entender suas vitórias.

Paul nasceu em Paris, filho de um ator e de uma bailarina. Durante o parto contraiu uma infecção hospitalar que lhe causou paralisia cerebral, comprometendo completamente as conexões motoras de seu cérebro, a linguagem, um grande percentual de sua visão e a mobilidade física. Desde então, seus pais dedicaram a vida a melhorar as condições de Paul com tratamento especializado.

Paul revelou-se extraordinário, assimilando o mundo à sua volta, a música, as artes, e observando toda manifestação de vida e beleza. Em vez de se lamentar, esse jovem aprendeu a escrever utilizando mãos alheias que direcionam seu dedo sobre o teclado e, assim, redige, com muito esforço, textos sobre a vida, seus conflitos e a maneira que encontra de ultrapassá-los. Não é simplesmente o depoimento de alguém que venceu obstáculos. Paul constrói uma estrutura literária particular, criada a partir da necessidade de se expressar em poucas palavras, sintetizando sem perder a essência.

Não posso deixar de me emocionar com seu alto poder analítico, sua alma de poeta, suas dores e a beleza de suas vitórias. Não posso deixar de citá-lo, sobretudo neste momento em que tantos jovens se deixam levar pela depressão e pelas drogas, diante de um mundo quase sem esperanças. Paul é um exemplo de que o espírito pode nos guiar pela noite escura repleta de fantasmas e chegar vitorioso ao amanhecer.

Aos 12 anos, Paul finalmente se iniciou na escrita. Ele é um exemplo que comprova que podemos criar o céu ou o inferno — vai depender de como usaremos os ingredientes que a vida nos apresenta.

Este diário certamente representa meu verdadeiro nascimento. Hoje, aos 12 anos, quando minhas primeiras palavras saem de meu dedo, o único capaz de escrever sobre o teclado. Meus primeiros 12 anos de vida foram perdidos no silêncio de nossas culpas — as de meus pais e as minhas. Quem foi o responsável? A medicina? Meus pais?

(...) Foi preciso algum tempo para criar as ligações traçadas por baixo da rede de meu cérebro (...) Eu quero que

escutem minhas necessidades, quero dizer que existo. Eu sou um ser vivo.

Paul continua com profundo senso de observação da realidade que o cerca e de seus sentimentos em relação aos pais:

Por vezes, é grave me acreditar um inútil nesta família na qual atuo como um catalisador das energias. Derramo toneladas de válidas razões para que lutem por mim, como se a vida de um Lucien Melki (o pai) não pudesse ser vivida sem uma causa a defender...

Quando participa como ouvinte das aulas no liceu francês, Paul observa com olhar crítico as bases em que o ensino está estruturado:

(...) A aventura da vida começa servilmente, com liberdade zero. Para mim, que amo a educação inteligente, a educação servil é desinteressante. Embota a mente!

Sobre liberdade e felicidade, em vários trechos podemos acompanhar sua tentativa de superar as próprias limitações:

É uma utopia se acreditar livre. Certos loucos se aproximam da liberdade, mas ela lhes escapa (...) Decido ser um apaixonado pela vida ao aproveitar as coisas possíveis (...) Procuro clarões de esperança nas minhas noites agitadas. Deixo minha imaginação me embalar.

Volto-me sobre as palavras contidas por tanto tempo e finalmente encontro força ao escrever. Sim, sinto-me libertado.

E, com humor, faz reflexões sobre a questão da reencarnação e a relação com o pai:

Você acredita em reencarnação? Nós estamos ligados há milhões e milhões de anos, como Bonnie e Clyde, mortos juntos, como Sansão e Dalila... Humor!

Apesar de tantos limites aprisionando-o a um corpo inerte, Paul luta contra a imobilidade; sua escolha da vida e seus esforços são compensados. Sem acovardar-se diante das condições aviltantes em que renasceu, preferiu abrir as asas e deixar a mente voar, levando muitos de nós nessa viagem maravilhosa pela vida e pela poesia.

4 As vozes

Quem pratica meditação sabe que, assim que deslocamos nossa atenção para a realidade interna, o que primeiramente observamos são inúmeros pensamentos em total desordem, confusos, fragmentados, pulando na mente como macacos de galho em galho. Qualquer pessoa pode exercitar o silêncio, observando por alguns minutos o diálogo que a razão trava com a emoção. Condicionamentos, crenças, medos, culpas, tudo na mais perfeita desordem: "Não posso deixar passar nenhuma oportunidade de levar uma mulher para a cama." "Você não vê que ela o está fazendo de bobo?" "Acho melhor tomar logo um *drink* para ficar mais solto." "Deixa de bobagem, essa mulher não merece tanto esforço." "E se ela perceber que sou tímido?" "Minha vida é um tédio." "Isso só acontece comigo."

Quase sempre agimos para satisfazer um padrão externo, sem levar em conta aquilo que (realmente) queremos. Aliás, durante a maior parte do tempo desconhecemos aquilo que verdadeiramente queremos. Nesse palco interior, um vozerio — um vasto registro assimilado ao de nossos pais, professores, parentes, amigos e aos padrões culturais — quase sempre é confundido com nossos reais anseios. Essas vozes são responsáveis por inúmeros fracassos porque reproduzem medos ou ressentimentos quando são seguidas sem nenhum questionamento.

Quando surge o questionamento, a pessoa desiste de obedecer a esses comandos, mas como não sabe encontrar outro caminho, procura a terapia para ajudá-la num trabalho que exige observação, disciplina e muita perseverança.

O primeiro passo é ouvir a própria mente e o burburinho das vozes rebeldes, na maioria das vezes, incoerentes. Em seguida, enfrentar esse complexo teatro interior, seguindo em direção ao segundo passo: compreender a aparente falta de sentido com que cada uma de nossas múltiplas facetas luta para dominar a cena, tentando impor seus desejos. Vozes do que fomos na juventude, na infância, do tempo em que éramos bebês, as subpersonalidades de vidas anteriores, um elenco variado de padrões na disputa pelo papel principal.

Sem dúvida, exige esforço observar essa enorme confusão, ouvindo aqui e ali, para, aos poucos, organizar o caos interior. Com disciplina e disposição para ouvir e identificar essas vozes, a direção do espetáculo e o papel principal podem voltar às suas mãos. Lúcia é um bom exemplo de como as vozes interiores podem trazer informações úteis. Seu comportamento começou a ser afetado devido à confusão mental causada pelas vozes do condicionamento: professora de idiomas, 48 anos, vivia sem problemas na vida profissional e afetiva. De repente, a empresa para a qual Lúcia trabalhava abre falência e, poucos meses depois de perder o emprego, ela entra em depressão. Apesar de não estar ameaçada financeiramente, com o marido bem-sucedido, e de ter um casamento sem problemas, a depressão chegou a um nível insuportável.

"Você não vale mais nada", "E se ele a abandonar?", "Sua vida acabou" — eram as vozes que, entre outras, ocupavam a mente de Lúcia, levando-a até um alto nível de estresse emocional. Em suas fantasias, o marido passara a representar uma ameaça de abandono, o amor que Lúcia sentia por ele ficara tão distante que ela se sentia incapaz de alcançá-lo. Sem perceber a origem das vozes, não encontrava nenhuma explicação lógica para os sentimentos que a afastavam cada vez mais dele.

A cada dia o estado depressivo tornava-se mais intenso. Insônia e muitas dores no corpo, sem que os exames clínicos apresentassem qualquer causa física. Apesar da maratona de médicos especialistas e psiquiatras, Lúcia não apresentava melhora, e os antidepressivos embotavam sua mente. Sentindo-se progressivamente pior, decidiu jogar todas as fichas e conhecer a causa desse transtorno.

Pouco a pouco, Lúcia entrou em contato com sua própria história. Órfã de pai na infância, tornou-se, juntamente com a mãe e os irmãos, dependente de um tio rico. Assim, cresceu acreditando que, se tivesse uma profissão, não voltaria a sentir o desconforto da dependência econômica nem o sentimento de desproteção que a morte do pai provocara.

Alcançara sucesso profissional e sentia-se segura devido ao fato de não depender de ninguém. Quando a empresa para a qual trabalhava faliu, embora não tivesse nenhum problema financeiro, Lúcia entrou em crise, percebendo-se, como na infância, diante do sentimento de desamparo. Voltava à cena o temível fantasma da insegurança, que ela escondera sob a realização profissional. Como não tinha consciência disso, sua insegurança se manifestava na forma de mal-estar físico. Os problemas físicos representavam a forma que Lúcia inconscientemente encontrou de mostrar que estava frágil, precisando de cuidados.

Ela atravessou as etapas do sofrimento que não conseguira vivenciar na infância e, no término do processo, sentiu-se mais preparada para enfrentar e reviver o trauma da perda. Compreendeu que o tempo havia passado, que já não era mais criança e que o sofrimento da infância não fazia mais sentido. Pôde, então, reformular seu conceito de segurança, passando a ver a realidade sem os fantasmas do medo de ser abandonada.

Outro caso bastante comum ocorreu com Júnior, que desistiu de investir na sua carreira de músico porque se sentia atormentado com as constantes afirmações da mãe: "Isso não vai dar certo. Trate de ganhar dinheiro, torne-se independente ou vai morrer de fome." Obedecendo a esse comando, formou-se em economia e deixou seu talento de lado, desperdiçando a oportunidade de viajar para o exterior e de se aperfeiçoar como maestro. Resultado: tornou-se um economista medíocre.

Não é preciso ter bola de cristal para prever que a crise seria a forma que Júnior encontraria de resgatar o rumo que havia perdido, impedindo-o de ter um futuro brilhante. O ressentimento que carregava em sua alma era tamanho que, aos 31 anos, deixara crescer um volumoso abdome, insatisfeito e irritado com a profissão. Para compensar a grande frustração, abusava do álcool e do mau humor.

Um longo trabalho de autoconhecimento, muita persistência e força de vontade foram necessários para que Júnior voltasse a investir no seu sonho, recuperando a alegria perdida.

5 Sobre o medo

Medo de falar, de morrer, de viver e de amar. Medo, medo, medo, que segundo o *Aurélio* significa: "Sentimento de grande inquietação ante a noção de um perigo real ou imaginário, de uma ameaça; susto, pavor, temor, terror." Esse sentimento, presente em todos nós, desenvolvido desde o tempo das cavernas, é um aliado da sobrevivência humana. Sua função é nos proteger dos perigos, forçando-nos a parar e avaliar em fração de segundos qual a ação mais adequada ao enfrentamento de uma ameaça.

Em excesso, pode tornar-se o inimigo responsável por grande parte das falhas de caráter, fracassos e doenças que atormentam o ser humano. Quando enfrentamos nossos medos e conseguimos superar alguns obstáculos, nos tornamos maiores que nossas fraquezas.

O medo nem sempre é ruim. Ele se manifesta muito cedo na vida humana, provocando, por exemplo, contrações no feto quando ele percebe, por intermédio da mãe, alguma ameaça. O corte do cordão umbilical separa mãe e filho, dando início à respiração, a primeira experiência dolorosa que liberta o bebê, tornando-o um ser individual. O medo que sentimos durante essa primeira experiência fica impresso em nossa memória inconsciente, e pela vida afora essa dor poderá ser transferida para outras situações de perda. Cria-se mentalmente a idéia de que não será possível sobreviver a tanto sofrimento, e à medida que esse pensamento é recriado várias vezes ao longo de nossa existência acaba-se acreditando que a fantasia é real. O medo cresce, e o que era apenas um pequenino fantasma se transforma em um monstro assustador.

Real ou imaginário, o medo é a companhia mais freqüente do ser humano, e a vida moderna, ao apresentar sempre uma nova opção, antes mesmo que tenhamos nos habituado às anteriores, não deixa tempo para hábitos salutares nem para a calma tranqüilizante e reparadora. O corre-corre contribui para que tudo se torne superficial e sem um porto seguro, levando a atenção a se fixar nas perdas inevitáveis: juventude, amigos, parentes, beleza e, finalmente, a vida, no confronto final com a morte. O resultado costuma ser paralisante. Ao negar essa realidade inexorável, a pessoa se torna despreparada para os ganhos que fazem parte do mesmo pacote, com os olhos fechados ao instante seguinte.

Alguns pacientes chegam ao meu consultório tão paralisados que parecem ter perdido o contato com a vida. O medo se instalou a tal ponto que tudo em volta se move, mas, petrificados, eles se tornaram estátuas. Sem distinguir entre o medo real e o imaginário, convivendo com fantasmas que assombram a humanidade, fica difícil reconhecer quando a ameaça é verdadeira.

Não importa se enfrentamos uma situação real ou imaginária, a sensação é a mesma: o frio percorre o corpo, o coração se acelera e a respiração se torna descompassada. Muitas vezes, somos capazes de prender o ar nos pulmões, na tentativa de parar a vida, com medo de seguir adiante.

Para reconhecer se o medo é real ou imaginário é preciso observar a vida à volta e analisar bem os fatos, avaliando as circunstâncias, os perigos concretos, e distinguindo o que é verdadeiro daquilo que é fruto da imaginação.

Quando o perigo é real, deve-se agir rapidamente. Em outras situações, saber reconhecer o medo imaginário possibilita uma ação mais adequada.

Alexandre era vítima do medo imaginário. Ao entrar na adolescência, aterrorizou-se com a possibilidade de ser avaliado pelas garotas. A partir de então, sua vida mudou: juntou-se a outros rapazes com o mesmo problema e passou a usar drogas, pensando que, assim, venceria a insegurança e seria capaz de conquistar uma namorada. No início, depois que se drogava, sentia-se tomado por intensa coragem, capaz de abordar as garotas. Mas, logo que o efeito da droga passava, o medo voltava, acompanhado de forte depressão que, pouco a pouco, acabou por afastá-lo do convívio social. Passou a sair apenas para se drogar, aprisionado aos amigos devido ao círculo vicioso que os unia — a insegurança e a droga.

A cada frustração, a angústia aumentava, e Alexandre usava mais e mais drogas. Não demorou muito a perder o interesse pelos estudos. Vaidoso, percebeu que sua aparência física se tornava, a cada dia, pior, o que levou sua auto-estima a índices muito baixos. A depressão tomava conta de Alexandre. Felizmente, com o apoio dos pais, ele resolveu procurar uma terapia.

Aceitar sua insegurança foi o primeiro passo. Depois, Alexandre teve de conhecer seus medos e mudar a maneira de pensar e agir. Pouco a pouco foi abandonando a dependência da droga. Acreditar num mundo maior que nos cerca foi um fator importante para o progresso de Alexandre. Há casos em que o desânimo e a desesperança de um mundo melhor impedem que a cura seja alcançada.

Ao vivermos um medo imaginário, estamos nos deixando influenciar pela lembrança de um medo anterior que se confunde com a realidade presente. Um fato que não oferecia ameaça passa a representar um grande perigo, e a ele reagimos como se o passado estivesse diante de nós. Tenho observado que o início das crises de fobia se dá após um momento de impotência — um fracasso profissional ou sentimental —, que detona um arsenal de sentimentos semelhantes que estavam no passado. Quando a soma de muitos medos acumulados vem à tona de repente, a pessoa fica com a sensação de desamparo, imaginando uma ameaça descomunal. Tudo à sua volta se torna ameaçador. Ela sente que perdeu o controle que acreditava ter sobre a vida.

Ricardo tinha 25 anos. Para competir com o irmão arquiteto, tornou-se engenheiro, e todo o foco de sua vida estava em ganhar dinheiro e conquistar mulheres, tentando superar o irmão. Suas conquistas eram trunfos na busca de ser o melhor e o mais poderoso. Não surpreende que, depois de algum tempo, diante do primeiro fracasso amoroso, Ricardo tenha sofrido sua primeira crise de pânico. Uma das muitas mulheres que Ricardo tentava conquistar não aceitou seu jogo. O que seria dali em diante? Um fracassado?

Ricardo passou de um extremo a outro, sentindo-se derrotado, humilhado perante o irmão. Passou a dirigir em alta velocidade, invadido pela sensação de que algo terrível o ameaçava. Para driblar a ansiedade e o pânico, entrou num círculo vicioso: passou a beber mais e a conquistar mais e mais mulheres.

Não se sabe exatamente o que aconteceu — algo deve ter sinalizado dentro de Ricardo pedindo socorro —, mas repentinamente ele resolveu aceitar a sugestão de um amigo e procurar uma terapia. Sua primeira descoberta foi o mecanismo que ele havia criado na infância para esconder o temor de não ser amado pelo pai. Observava a admiração que o pai sentia pelo irmão mais velho e passou a sentir-se inferior a ele. Vivia a ansiedade de uma disputa constante: seus atos tentavam provar que ele era tão bom quanto o irmão, ou ainda melhor que ele. A partir dessa descoberta, Ricardo começou a desmontar o padrão competitivo que impedia seu bem-estar e o encontro com suas reais necessidades.

Os medos da infância costumam seguir pela vida adulta. É comum os pais se sentirem ameaçados quando os filhos crescem, porque percebem que perderam o controle sobre eles e que já não são imprescindíveis como antes. Novos horizontes se abrem diante daquela "criança" para a qual, até então, eles representavam tudo. É difícil soltar a cria na hora certa: ou é cedo demais ou eles ainda não estão preparados para a vida.

Na verdade, são os pais que precisam de mais tempo para aceitar que estão mais uma vez diante de novos papéis.

O que fazer agora que os filhos não exigem todo o tempo e atenção? Muitos pais se sentem perdidos diante dessa nova situação. O desespero de tentar a qualquer preço manter o filho em seu território costuma não dar certo. Ele já não ocupa seu tempo como antes, deixando uma folga para que sua individualidade se reconstrua numa nova fase: a oportunidade de recuperar as partes esquecidas, de redescobrir sonhos abandonados no passado e realizá-los.

Depois da dolorosa fase de adaptação, os pais podem perceber as vantagens da situação, encontrando novas metas às quais dedicar o precioso tempo que sobra. Sobre o desapego tão difícil de exercitar, vou transcrever o contato feito por Luzia com um espírito que a orienta em suas meditações para o autoconhecimento:

> *Nossos filhos não são nossos; apenas "estão" nossos filhos. Em vidas passadas, podem ter sido filhos de outras pessoas, ou nossos pais, amigos, tios, primos ou irmãos. Em vidas futuras, quem sabe, serão outra vez nossos filhos, ou terão outros pais, e serão amados tanto quanto são amados por nós.*
>
> *Nesta vida, devemos realizar com louvor a tarefa de acompanhá-los até o momento em que possam seguir o caminho com as próprias pernas. Em cada vida vivemos estágios — cada um deles com foco em determinadas situações, diferentes papéis, alternando o sexo, a situação financeira e o ambiente social*

Essa orientação espiritual tem a ver com a dificuldade que temos de aceitar nossos filhos como seres independentes. A posse que exercemos sobre eles nem sempre está relacionada com o "cuidar", muitas vezes representa apenas o medo que se esconde por trás de nossos atos. A mãe vítima que amarra o filho por meio da culpa costuma "docemente" dizer: "Pode ir, eu ficarei aqui sozinha, desejando o melhor para você." Isto na voz de "uma pobre mãe abandonada" aprisiona mais que correntes de aço.

Já o pai, entre os papéis mais comuns, desfaz e critica qualquer tentativa do filho de se tornar independente, para que ele possa se sentir imprescindível: "Você nunca faz nada direito, depende de mim para tudo." Afirmações desse gênero levam os filhos a considerar que a vida sem a proteção paterna é muito ameaçadora, e, por isso, aprisionados a correntes invisíveis, encontramos quarentões vivendo de gorda mesada ou fazendo um puxadinho nos fundos da casa dos pais.

A família costuma ser um bom laboratório, porque é no meio familiar que se revelam os medos e os fantasmas que carregamos do passado, exigindo competência para identificar o que herdamos de nossos pais e conhecer a bagagem de crenças que essa herança reflete em vários aspectos de nossa vida. Algumas crenças nos impulsionam para a frente, estimulando nosso crescimento e sucesso; outras nos empurram para o fracasso, e o padrão estabelecido na família pode se reproduzir por toda a vida.

A pessoa que construiu na infância um padrão de derrota só enxerga o fracasso. Diante de um novo emprego, por exemplo, imagina que será fatalmente vencida pelos outros concorrentes. Ao confundir fantasia com realidade, ela tira o enfoque das qualidades que possui, prestando atenção somente em seus pontos fracos. No momento da entrevista, já se sentindo fracassada, reage com insegurança, desvalorizando toda a sua experiência e capacidade. Resultado: um péssimo desempenho, que acaba levando ao fracasso.

Uma paciente cresceu atormentada pelo seguinte padrão: "Não é possível que alguém a ame; existem outras mulheres mais bonitas e mais inteligentes que você." Mesmo considerando que suas qualidades interessariam a qualquer homem, ela sempre se deixava vencer pela voz da derrota.

O golpe derradeiro aconteceu quando uma amiga invejosa a convenceu da traição do noivo. Dominada pela insegurança, ela terminou o noivado sem sequer investigar e sem dar a ele a chance de se defender.

A vida seguiu em frente: a jovem de quem estou falando acabou se casando, e, como não amava o marido, concentrava sua felicidade apenas nos três filhos. Muitos anos depois, ela descobriu por intermédio de um amigo que tudo não havia passado de uma perversa intriga da amiga invejosa para acabar com o seu noivado. Ela percebeu, então, quanto não acreditava que realmente pudesse ser amada pelo noivo, visto que na primeira oportunidade dera crédito à amiga, cuja maledicência ecoara como a voz da sua sombra a repetir: "Ninguém vai me amar de verdade."

O fantasma do medo é o grande vilão dos fracassos profissionais, independentemente da competência e das boas oportunidades. Por exemplo, ao enfrentar o mau humor do chefe, você começa a se lembrar de uma experiência anterior — alguém que o rejeitou, ou o desemprego de seu pai quando você era criança, que tantos transtornos causou à família. A partir daí, você constrói a fantasia de que seu chefe irá despedi-lo e começa a imaginar as conseqüências do desemprego: os problemas familiares, a fome, a miséria e tudo mais. Em poucos minutos, você alimentou um monstro em sua mente, está suando e aflito, sem perceber que se trata do medo criado a partir de uma fantasia.

Se você continuar alimentando essa insegurança, em pouco tempo estará despedido, porque certamente mudará seu comportamento, ficará agressivo ou acuado, e acabará metendo os pés pelas mãos. No entanto, se em vez disso você lembrar que foi apenas um pensamento negativo que provocou o tormento, em segundos o monstro será destruído. Um pensamento oriental diz: "Não posso impedir que pássaros sobrevoem minha cabeça, mas posso impedir que façam ninhos em meus cabelos."

Medo excessivo, raiva, ressentimentos e culpa costumam gerar monstros destruidores em mentes desavisadas, levando a autoconfiança ao colapso. Todos os dias cria-se uma nomenclatura para as diversas formas de o medo se apresentar, mas a realidade é que qualquer que seja sua maneira de fazê-lo, para se libertar dele é preciso enfrentá-lo. Como?

Conhecendo sua origem, como se apresenta e quando começou a se manifestar.

O medo surge sorrateiramente, e como não é logo identificado, vai crescendo com um pensamento aqui, outro acolá, e se tornando cada vez mais forte. Baruch de Espinosa (1632-1677) filósofo holandês, afirmava que o poder dos sentimentos era tal que a única possibilidade de triunfar sobre uma paixão irracional seria criar um afeto positivo mais forte desencadeado pela razão.

Isso quer dizer que para não se deixar vencer por sentimentos negativos a pessoa tem de lutar com raciocínio e esforço intelectual, criando sentimentos positivos desencadeados pela razão. Por exemplo: a melhor maneira de impedir que o medo de altura cresça e assuma proporções assustadoras é olhar ao redor, certificando-se de que você está bem protegido, conferir a segurança do local e pensar que outras pessoas estão ou já estiveram ali e que nada ruim lhes aconteceu. Por que aconteceria a você?

Essa situação, assim como qualquer outra desencadeada por medo, raiva ou culpa, poderá ser substituída com o emprego de um sentimento forte e oposto que evite que a idéia fixa desenvolva situações negativas.

Por exemplo: o medo de ficar sozinho costuma levar a relacionamentos que só causam sofrimento, num pacto em que a vítima alimenta o algoz com sua dor. Muitas vezes, por trás desse medo estão sentimentos de culpa ou de impotência: "Não conseguirei viver sem ele" ou "Devo merecer ser maltrado". Para conhecer um pouco mais os seus sentimentos, continue acompanhando o diálogo interior e observe aqueles que são recorrentes e nos quais se baseiam os seus relacionamentos.

Assim, se você se alimentar de pensamentos de negatividade, seu subconsciente receberá essas afirmações negativas como verdade absoluta, levando-o a situações que estarão de acordo com esses padrões mentais. Como ocorre com um programa de computador, tudo aquilo que registramos na mente é reproduzido como verdade.

Para quebrarmos um padrão negativo que limita nossas experiências precisamos lutar para conseguir substituí-lo por uma atitude mais adequada, entendendo que carregamos uma bagagem desnecessária em nossa memória: fantasmas que não precisam seguir conosco, que podem ser deixados pelo caminho.

Padrões repetitivos escravizam as pessoas, e uma história que ilustra muito bem essa questão vem de um poema do mestre tibetano Nuoshul Khenpo, resumido na forma mais simples que encontrei: um monge caminhava por uma estrada e cai num enorme buraco. Ao se levantar, escolhe culpar-se da queda. Dias depois, não acreditando que o buraco continuasse ali, cai outra vez nele, só que dessa vez reclama e afirma não ter culpa.

Por hábito, sempre que ele passava por aquela estrada, contornava o buraco — pela direita ou pela esquerda, ou saltando sobre ele —, tentando ultrapassá-lo de forma diferente, mas o buraco continuava em seu caminho. Até que um dia, cansado de tantos tombos, o monge abre os olhos e reconhece ser o único responsável por suas quedas. A partir desse momento, percebe uma estrada que não pudera ver antes. Num passe de mágica, ele compreende que poderia seguir por outro caminho.

6 Raiva e culpa

Desejos frustrados, auto-estima atingida e tudo o que vem de encontro aos nossos planos provoca raiva. Essa emoção hostil contra determinado fato poderá esgotar-se em alguns minutos ou permanecer por longo tempo nos acompanhando, sendo reativada a cada nova situação. É o caso dos acessos de ira descontrolados a que assistimos, vez por outra, no trânsito ou nas brigas de casais. Uma frustração que não foi bem resolvida será estimulada na próxima frustração. Dessa vez, trazendo o acúmulo de emoção reprimida.

Determinado funcionário "engole sapos" porque tem medo de perder o emprego e, ao sofrer alguma infração de trânsito, esbraveja e abre a janela do carro para agredir de forma excessiva o outro motorista. Ele está com razão? Em parte, mas a forma como resolveu sua indignação demonstra a carga de emoções reprimidas que está carregando. A adrenalina, que é o hormônio do estresse, acelera os batimentos cardíacos, e da mesma forma que pode ser útil em casos de perigo, quando se torna constante na vida de uma pessoa pode trazer conseqüências desfavoráveis ao organismo.

Agora vamos falar de culpa. O que esse sentimento tem em comum com a raiva?

Desde criança aprendemos que é feio qualquer demonstração de raiva: "Papai e mamãe não vão gostar de você" ou, generalizando, "Ninguém vai gostar de você assim". O resultado é que as pessoas passam a se culpar toda vez que sentem raiva, escondendo então os próprios sentimentos. Mas a qualquer momento podem perder o controle de suas emoções, explodindo de um extremo ao outro: móveis quebrados, agressões físicas, corações partidos. Há também aquelas que reprimem a tal ponto seu desagrado que se tornam passivas, colocando-se em situações de abuso, permitindo que outros avancem sobre seu território e desrespeitem seus limites.

Uma mulher pretendia ser aceita de modo unânime, e por isso não conseguia dizer "não". Acompanhei cada etapa da terapia de Leda. Certo dia, um primo distante lhe telefona e pede para se hospedar em sua casa por uma semana. Ela se prepara para recebê-lo e tornar sua estada o mais agradável possível. Tudo corre bem, até que termina a semana combinada, mas o hóspede não dá sinal de partida. Evitando transparecer qualquer desconforto, ela continua mantendo o mesmo sorriso do primeiro dia, chega ao consultório evitando tecer críticas ao primo, permanecendo uma anfitriã digna de constar dos manuais de boas maneiras.

O tempo passa e o primo não apresenta sinais de partida, revelando-se, a cada dia, mais abusado — as malas desarrumadas pela casa, o tapete sujo de areia da praia, os sapatos sobre o sofá. Como se não bastasse, ele costumava ler o jornal antes dela, deixando-o espalhado pelo chão. Nesse estágio, Leda começou a deixar escapar seu desagrado: "Sérgio é um abusado! Ele não move uma palha para ajudar nas tarefas domésticas, nem mesmo durante a folga da empregada. Além disso, ele canta no chuveiro às 6h da manhã de domingo, demonstrando quanto quer aproveitar cada minuto de suas preciosas férias no Rio. Eu que me dane!"

Os dias se passavam e, apesar de extravasar sua raiva na terapia, em casa, Leda não deixava transparecer nenhuma irritação — afinal, ela aprendera na infância que: "É preciso ceder sempre para ser aceita". Filha do meio de seis irmãos, teve de se virar para conseguir a atenção dos pais.

Enquanto isso, em sua casa, o mau humor do marido aumenta, os filhos reclamam e apenas Sérgio se mantém cego e surdo a qualquer evidência de que está sendo indesejável. O rendimento de Leda no trabalho começa a baixar — sua atenção só tem um foco: encontrar um modo de mandar embora o primo indesejado. Não passa por sua cabeça o caminho mais simples: avisá-lo de que o prazo de hospedagem se esgotara.

Ela dá voltas e mais voltas, esperando que parta dele a iniciativa de se despedir. O estresse toma conta de Leda, sua pressão arterial permanece alta, enquanto o primo se preocupa apenas com sua programação de lazer. O quadro piora: aparecem os primeiros problemas digestivos e, ainda, insônia e dor de cabeça, provas físicas de que a situação chegara ao limite máximo de tolerância.

O oitavo domingo da estada de Sérgio em sua casa amanheceu ensolarado; a família toma café-da-manhã em silêncio, e o primo, o único que ainda conserva o bom humor, pede que Leda lhe passe a manteiga. Subitamente, ela explode, de forma inesperada, proferindo uma enxurrada de desaforos, sob o olhar perplexo de todos e pondo abaixo todo o esforço que fizera para manter a boa impressão. Com gestos tresloucados, ela manda embora o primo indesejado, atirando sua mala porta afora e desfiando uma lista de desqualificações e reclamações. Ao final, suspira aliviada.

Todo esse desgaste emocional poderia ter sido evitado se ela respeitasse seus sentimentos e pontos de vista. A necessidade de ser "boazinha" e agradar a todos a levou a reprimir seus sentimentos até a situação-limite, explodindo como uma panela de pressão. Sérios transtornos nos relacionamentos, no trânsito ou no local de trabalho poderiam ser evitados se fossem administrados de forma adequada. Nem sempre conseguimos agir com a competência que gostaríamos, com a elegância desejada, mas não é preciso cair no extremo oposto, estrebuchando diante das armadilhas das paixões.

Como teríamos evoluído até os dias de hoje se o primata tivesse reprimido sua raiva? Sem ela, não teríamos sobrevivido aos ataques constantes de animais e de outros povos, garantindo a sobrevivência da raça humana. Hoje em dia, não precisamos mais usar a forma de expressão da pré-história: podemos adequar nossos sentimentos e expressá-los de forma mais sutil, de acordo com os padrões evolutivos atuais.

Não é por acaso que seres iluminados reencarnam, descendo à condição material para sinalizar o caminho para a humanidade terrena — é preciso aceitar as diferenças que imperam no mundo exterior e na realidade interior. Há exemplos que sinalizam isso: Jesus apontou os mandamentos do bem viver social, a transformação do papel feminino, por meio de sua atitude revolucionária diante de Maria Madalena, e tantos outros exemplos; e Gandhi revelou que a humanidade já estava preparada para iniciar uma nova etapa, que era hora de substituir as soluções bélicas por outras, pacíficas, deixando de lado a condição de imaturidade que só resolvia as dificuldades na base de socos e pontapés.

A dificuldade para expressar sentimentos que consideramos negativos provoca situações piores: quando percebemos, já estamos a ponto de pular no pescoço do adversário numa discussão sobre futebol ou política, no trânsito ou nas questões afetivas. O fato é que evoluímos em alguns aspectos, enquanto em outros permanecemos na Idade da Pedra. A evolução é gradativa, e conta ponto a aceitação das fraquezas. Não adianta pular etapas, pretendendo a perfeição; a evolução deve ser a meta, mas não é possível reprimir a raiva, simulando atitudes que não respeitem a realidade interior. Raiva acumulada ao longo de anos pode tornar-se um grande veneno, projetando-se sob a forma de grandes conflitos e guerras.

Estamos cansados de assistir a espetáculos grosseiros de extrema inveja, vingança, maledicência, injustiça e tudo mais, protagonizados por católicos, árabes, judeus, espíritas, umbandistas e membros de qualquer outra etnia ou religião. Isso acontece quando não admitimos a existência de nossos aspectos negativos, vivendo como se estivéssemos acima da linha humana — um bom palco no qual atuam as armadilhas do inconsciente.

A mesma raiva que destrói serve para libertar da opressão, das injustiças e da agressão, e a indignação pode impulsionar o ser humano para a sobrevivência e a evolução. Esse sentimento poderoso não é negativo por si só: é a raiva que leva uma pessoa a reagir quando está sendo massacrada por alguém; o que determina se ela é negativa ou não é a forma e a intensidade com que se manifesta. O acúmulo de culpa faz a raiva voltar-se contra a própria pessoa, que passa a agir como se carregasse nas costas os pecados do mundo. Culpa e raiva são ingredientes potentes para criar estados depressivos. Assim, acuada devido ao medo imaginário das punições que criou para si própria, a pessoa se isola do mundo. Numa escala menor, poderá se sentir culpada de atos que ela mesma censura. Para compensar esse sentimento, a pessoa passa a agir com o objetivo de agradar para ser amada. Quantos forem os pedidos de ajuda, ela se sentirá obrigada a atender.

Não se trata de egoísmo e de indiferença ao sofrimento alheio, mas não adianta ajudar quem não quer ser ajudado, ou fazê-lo sem considerar as próprias necessidades.

Muitas vezes, a pessoa se esconde atrás da capa de generosidade para disfarçar um sentimento de desprezo por si própria: "Só vou valer alguma coisa se fizer sacrifícios" ou "Só serei amado se colocar os interesses de terceiros acima dos meus".

Por trás desse comportamento se esconde o desejo de ser reconhecido como alguém "bonzinho" e de ser, portanto, aceito. Ajudar os outros nem sempre significa generosidade. Muitas vezes, a pessoa quer apenas ser aprovada. A necessidade de agradar é um ato de submissão que está a léguas de distância do amor incondicional — este, sim, repleto de altruísmo. Nesse caso, é preciso uma alta dose de auto-estima para que as atitudes não sejam guiadas pelo medo nem pela culpa.

A culpa serve ainda para disfarçar a prepotência: faz bem alguém se considerar responsável por tudo e por todos, enquanto esconde, com essa atitude, sua baixa auto-estima. Sentir-se menos, menor, pior, sempre avaliado por baixo, costuma ser compensado com a "virtude" de ajudar. Atrás de muitos atos "generosos" esconde-se a vontade de crescer aos olhos de terceiros, projetando uma imagem favorável.

É preciso saber como e quando ajudar. Muitos se sentem obrigados a ajudar alguém, mesmo quando esse alguém não faz nada, somente espera que os outros encontrem a solução para os seus problemas. Sempre vai existir quem, sentindo-se injustiçado, faça esse papel: alguém para quem a vida e as pessoas devam algo, alguém que, ano após ano, reze a mesma ladainha: conta bancária no "vermelho", dívidas, problemas que os outros deveriam resolver.

Geralmente, o comportamento daqueles que vivem sendo ajudados provoca no seu salvador o sentimento da injustiça: "Fiz tudo por ele e veja o que me fez" ou "Depois de tudo de que abri mão por ela, viu só o que eu recebi?" — pensamentos que vão e vêm, tirando o sono e o descanso da pessoa que não se sente merecedora da própria vida e se tortura por meio de pensamentos mortificantes. Deu mais do que deveria e não recebeu o reconhecimento que aliviaria sua baixa auto-estima. A pessoa que se obriga a ceder sempre aos desejos alheios acaba cansada e frustrada: "Não consegui fazer nada do que pretendia; nunca consigo ter tempo para mim."

Para toda pessoa culpada existe, em algum momento, alguém que se alimenta dessa culpa. O pacto entre ela e o algoz precisa ser identificado. Alguém que se queixa de estar sendo vampirizado por outra pessoa tem sua parcela de responsabilidade. O vampiro que drena a carótida tem a ajuda da vítima, que lhe entrega o pescoço. Isso era o que acontecia com Júnior, um paciente. Ele vivia se queixando de ser explorado pela família: "Minha esposa e meus filhos estão sempre exigindo de mim mais do que lhes posso dar. Como se não bastasse, além de atender aos problemas de meus cinco irmãos, acabei assumindo a responsabilidade pela família do meu irmão mais novo. Ele sofre de depressão e vive mudando de emprego."

Além da família, havia os amigos, que também eram ajudados indiscriminadamente. Certa vez, fora fiador de um amigo e acabou pagando seus aluguéis atrasados; a outros, emprestava volumosas quantias, que nunca eram devolvidas. À primeira vista, dava a impressão de um pobre homem explorado — impressão que, inconscientemente, ele queria causar.

A essa altura devemos nos perguntar o que Júnior lucrava com todo esse esforço. Por que se deixava de lado, não conseguindo encontrar um meio-termo que lhe fosse favorável?

Júnior conseguiu identificar o que estava por trás da sua forma de levar a vida. Por que precisava se sentir esgotado? Por que deixava as pessoas exigirem mais do que podia doar? O que pretendia provar com esse sacrifício? Com que intenção alguém se sujeita a ser manipulado pelo desejo de outras pessoas?

A terapia revelou gradativamente que Júnior havia adotado esse padrão ainda na infância, como forma de sobressair, tornando-se importante para os pais numa família de seis filhos. Carregava enorme peso por ter o mesmo nome do pai — na sua visão de criança, um homem sacrificado, que tudo fizera pelos filhos e que morrera sem realizar o sonho de retornar à sua terra natal, a Polônia. Júnior cresceu acreditando que cabia a ele assumir o papel do pai, atendendo aos outros, sem direito a sonhos pessoais. Para estar à altura disso, ele teria de fazer "das tripas coração", um padrão exaustivo que só permitia espaço para as necessidades alheias: primeiro os outros, depois os outros, era seu lema.

Conhecer a causa ajudou-o a mudar o padrão sem se tornar egoísta e sem deixar de ajudar quem realmente estava precisando. É interessante conhecer alguns exemplos do que se passa na mente de quem está aprisionado ao padrão da culpa:

- Eu vivo me preocupando com os outros e nunca sobra tempo para mim.
- Meu dinheiro vai embora e, quando vejo, não comprei nada do que precisava.
- Tenho a impressão de que carrego a responsabilidade do mundo nas costas.
- Eu costumo deixar as porteiras abertas, e todo mundo entra. Quando o abuso está demais, eu faço um escarcéu e ponho todos para fora. Se eu soubesse onde fica a porteira, delimitaria o meu espaço e não sentiria essa raiva toda.

O sentimento de culpa afeta de tal forma a realidade que, muitas vezes, pode atingir o mundo físico, como é possível observar no depoimento de uma paciente: "Eu trabalho com desenho industrial, tenho jeito para desenhar e deveria ter habilidade manual, movimentos suaves. Mas não os tenho. Eu faço um movimento aqui e bato numa prateleira adiante. Sou conhecida como estabanada; já quebrei vários dedos, derrubo copos na mesa, e na academia de ginástica já consegui terminar um exercício e girar de tal jeito o aparelho trapézio que ele voltou e bateu na minha cabeça."

Lígia continuou seu depoimento trazendo a opinião da cunhada, que sempre lhe diz: "Calma! Parece que você está explodindo de raiva; por que tanto motivo para se machucar?"

Sem ter consciência, ela agia como se tivesse motivos, um movimento de constante punição, num padrão comportamental inconsciente que atingia seu corpo físico, numa forma de se flagelar. A paciente costumava dizer que se sentia apertada, sem espaço, sufocada, sempre abrindo mão de seus interesses em favor dos outros. Por não saber impor limites, acabava permitindo que todos invadissem o seu. Dessa forma, seus movimentos excessivos eram a expressão de sua alma lutando por mais espaço.

Muitas vezes, pode-se sentir certo alívio diante da morte do pai, da mãe ou do companheiro, por causa de um longo período de doença ou por se livrar de uma opressão que a pessoa lhe causava, por exemplo. Como ficou estabelecido que "Não se deve ter sentimentos ruins", o primeiro movimento é o de negar e reprimir tais sentimentos, e a conseqüência pode ser a punição, castigando-se pelo fato de nutrir sentimentos "tão condenáveis". Surge a depressão: a vida parece assustadora, sem sentido, sem cor, sem saída, e, como um rato prisioneiro num labirinto, a pessoa acaba transformando-a num purgatório infindável.

Outros exemplos se apresentam com relação a pessoa para as quais nenhuma vitória é suficiente — elas vivem com a sensação de estar carregando uma dívida impagável. Não sabem quem é o credor e transferem a dívida imaginária para o cônjuge, parente, amigo e, até mesmo, para a humanidade como um todo — a impressão é de que a vida está sempre lhes cobrando uma cota extra para que tenham direito a continuar vivendo.

Um outro tipo de padrão cai no extremo oposto: são as pessoas que acreditam que o mundo lhes deve algo, que preferem responsabilizar os outros por suas falhas, tentando tirar sempre alguma vantagem de tudo, sem dar nada em troca. Esse tipo combina perfeitamente com o eterno devedor que citei anteriormente. Eles formam um par perfeito: "culpado" e "egoísta", um padrão de relacionamento que leva ao constante mal-estar.

Você sabe reconhecer a diferença entre generosidade e culpa, entre ser vítima e ser egoísta?

7 Estresse

A ADRENALINA, O HORMÔNIO DO ESTRESSE, É LIBERADA sempre que estamos diante do perigo. As funções cardíacas e respiratórias, os estímulos cerebrais e todo o sistema hormonal se alteram preparando o organismo para a defesa ou o ataque. A tensão física ocorre juntamente com as reações químicas no organismo, tornando-o apto ao confronto. Após se defrontar com o estímulo externo que representa perigo, o organismo se prepara para entrar em relaxamento.

Temporário, o estresse pode ser um benefício, pois o organismo reage diante de uma determinada situação, deixando a pessoa mais sensível e atenta para agir. Quando enfrentamos uma entrevista de emprego, uma nova chefia, uma nova relação amorosa ou uma perda, os pêlos se eriçam, o coração bate mais forte, a pressão sobe, as mãos suam frio, os músculos se contraem e o sangue se concentra nos órgãos vitais. Todo o corpo se prepara para agir.

Quando a tensão toma conta de todo o organismo, é comum a pessoa prender o ar nos pulmões até quase sufocar. Isso costuma ser um reflexo do momento do corte do cordão umbilical, quando a primeira respiração do bebê é dolorosa, arde e queima seus pulmões. Esse primeiro momento de vida separado da mãe apresenta-se assustador e só será atenuado quando o bebê estiver sobre o calor do ventre da mãe. Mesmo assim, ficará gravado no seu inconsciente, impregnado de sentimentos de medo e de angústia.

A vida contemporânea apresenta cada vez mais estímulos negativos, ameaças constantes que ultrapassam as fronteiras da vida material, atingindo o universo interior do ser humano. Os valores materiais parecem insuficientes para aplacar a angústia e preencher o vazio que se instala devido à falta de perspectiva de futuro. Perdemos o contato com hábitos essenciais à sobrevivência, como o de nos alimentar calmamente e de forma metódica, e nos esquecemos das atividades lúdicas, que foram substituídas por hábitos sedentários impostos pela televisão ou pela internet. Tudo isso acrescido do medo mais freqüente de arriscar e errar, da solidão nos centros urbanos, da competição intensa, da dificuldade de diálogo, dos problemas com a hierarquia no trabalho, das guerras constantes provocadas pela ambição exacerbada pelo poder e pela intolerância às diferentes etnias e manifestações religiosas.

Como manter o equilíbrio diante da violência, das injustiças e dos absurdos que recheiam o cotidiano internacional dos noticiários jornalísticos?

As expressões "Estar estressado", "Não me estressa" ou "Já me estressei" tornaram-se gíria, verbo na boca dos jovens, para informar que a situação chegou ao limite. Padrões excessivamente competitivos, a violência urbana, a entrada da mulher no mercado de trabalho e a dupla jornada são algumas das causas do aumento do estresse.

Pesquisas recentes revelam que a vida agitada e os excessos desestabilizam o metabolismo que regula a sobrevida humana e comprometem o sistema imunológico.

O que fazer, então, diante da insegurança nas ruas e do coração sempre acelerado pelo medo da violência?

Como deixar o nosso mundinho, não ser insensível ao vizinho do lado e, ao mesmo tempo, travar batalhas diárias para vencer o medo e a desesperança?

Não adianta fugir do problema. Existem meios de combater o estresse, evitando que ele se torne permanente e minimizando os estímulos negativos e as situações crônicas. É preciso proteger o organismo das tensões constantes, 1e modo a permitir que ele desarme a defesa ou o ataque, evitando, assim, que a tensão de alerta incessante leve o organismo à falência.

Ao estresse permanente podemos creditar algumas doenças e manifestações comportamentais, como a síndrome da fadiga crônica, o transtorno obsessivo-compulsivo (TOC) e os distúrbios do pânico, tão comuns hoje. Vamos observar o caso de uma paciente: Carla, 38 anos, sempre preocupada com a busca excessiva da perfeição, equilibrava-se na corda bamba para manter a dupla jornada de trabalho. Quando procurou a terapia, afirmou que seu casamento e os filhos, que antes estavam "sob controle", pareciam escapar de suas mãos.

Anos a fio de descuido de si própria e o esforço para manter "tudo perfeito e sob controle" levaram Carla a desenvolver a síndrome da fadiga crônica. O mais difícil para ela foi aceitar que nem sempre tudo ocorre como planejamos e entender que é preciso ter jogo de cintura para encontrar novas soluções para a vida.

A síndrome da fadiga crônica é outro mal bastante comum entre pessoas que sofrem de estresse. Atinge, principalmente, as mulheres, em especial as perfeccionistas, que sentem dificuldade em dividir responsabilidades e "carregam o mundo nas costas".

O orgulho exacerbado costuma estar presente na vida de pessoas com o mesmo padrão de Helena, uma paciente que sustentava o filho sozinha desde que o marido partiu para a Austrália. Por orgulho, ela engoliu o abandono, evitou qualquer movimento no sentido de exigir a pensão alimentícia a que o filho tinha direito. Após dois anos, apesar de ser excelente profissional e muito bem remunerada, começou a sentir o peso da sobrecarga emocional e afetiva: apareceram sintomas variados, dores que se deslocavam para várias partes do corpo — e o diagnóstico: síndrome da fadiga crônica.

Um diagnóstico de transtorno obsessivo-compulsivo pode ser observado no caso de Eduarda, 25 anos, uma paciente que desde a adolescência lavava as mãos diversas vezes para afastar o perigo microbiano e batia sete vezes no móvel a cada pensamento ruim que atravessava sua mente.

Por trás disso havia uma forte repressão sexual, a sensação de estar o tempo todo pecando em pensamento e a necessidade de absolvição. Desde criança, Eduarda corria para contar à mãe qualquer pensamento que considerasse pecaminoso, e, ao contá-lo, sentia-se absolvida.

Um longo trabalho foi feito na busca da origem do problema, já que a paciente não apresentava histórico familiar de repressão sexual que justificasse os rituais de absolvição que realizava. Continuamos, cada vez mais atrás na linha do tempo, e detectamos uma vida passada em que Eduarda fora um padre.

Uma intensa luta interior foi travada naquela existência passada, até a decisão final de continuar na vida religiosa e abandonar a grande paixão, um conflito recheado de medo do castigo de Deus, de culpa de ter cedido à tentação da carne e de raiva não ter tido a coragem de seguir seu coração. O resultado foi um padrão inconsciente que lhe afirmava que "Os prazeres da carne são dolorosos". Na vida atual, a possibilidade de um relacionamento físico era suficiente para iniciar fortes dores provocadas por inflamação do endométrio, afastando qualquer possibilidade de relacionamento sexual.

Muitas doenças têm como causa fatores emocionais. A insônia é um outro sintoma bastante comum, e estudos recentes revelaram que grande parte da população adulta urbana vive sob constante nível de estresse que se manifesta em distúrbios do sono. São muitas as causas, mas, no tocante às emoções, alguns pontos são comuns a todos os que têm o sono prejudicado.

Geralmente, o medo, a raiva e a culpa tecem as bases para que a insônia se instale. Em alguns casos, encontramos o medo impedindo o mergulho no inconsciente e a entrega necessária ao sono que descansa. Medo nas suas diferentes formas — de ser surpreendido, de ser castigado, de baixar a guarda, de perder tempo, de não chegar a tempo, de não ser merecedor de algo e assim por diante.

Leila, com quase 50 anos, procurou a terapia para vencer uma insônia que a acompanhava havia mais de cinco anos, e para a qual não encontrava solução — médicos, psiquiatras, medicamentos, psicanalistas, nada dava certo. Havia pequenas melhoras, mas inconsistentes.

Na primeira entrevista, observei sua aparência impecável, a postura rígida e os músculos faciais tensos. Nada a fazia sorrir. Foi preciso algum tempo para decifrar a causa que desencadeou o estresse, e ela ficou surpresa ao relembrar fatos da infância que estavam esquecidos no inconsciente. Mais surpresa ainda ficou ao conscientizar-se de que o estresse se iniciou num momento da juventude: quando decidiu — ao resolver abandonar a carreira de artista plástica para se casar e seguir a profissão das mulheres da família — ser dona de casa.

Aos poucos, foi conseguindo retomar o prazer pela arte, exercitou-se e passou a dar aulas para as crianças da família e conhecidos. Assim, ao voltar a se expressar, permitiu que a criatividade lhe trouxesse a flexibilidade que faltava em sua vida. O sono foi sendo equilibrado, o sorriso apareceu em seu rosto — e com ele o brilho no olhar.

É muito comum entre pessoas que sofrem de estresse o sentimento de que "Não podem relaxar, de que precisam fazer mais e mais", e por isso não encontram tempo para atividades agradáveis, somente para o "compromisso" — dever, precisar, ter de fazer são palavras de ordem em suas vidas. Descobrir quando e por que essa ordem foi programada é a tarefa mais importante para o processo de cura.

Qualquer tensão que não seja liberada procura uma maneira de sair por meio do corpo físico, geralmente provando estragos. A ciência já entende que as emoções reprimidas e constantes, quando não são expressas com equilíbrio, acabam se manifestando no corpo sob a forma de sintomas físicos. É comum que se desenvolvam doenças graves logo após uma grande perda ou uma situação de grande estresse, ou se desenvolvem doenças crônicas quando a pessoa vive sob constante tensão.

Durante a terapia, é muito comum surgir um sintoma crônico no momento em que o paciente está revivendo uma emoção do passado, desta ou de outra vida. Luiz Guilherme, 24 anos, com rinite crônica, insegurança e problemas de auto-estima, é um exemplo. Ao elaborar suas regressões relacionando-as com a vida atual, esbarrou em sentimentos de raiva e culpa na sua convivência com os pais e o irmão mais velho. Naquele exato momento, foi tomado por uma forte crise de rinite e pôde perceber com clareza como o processo se instalava. A raiva gerava culpa e a recusa desses sentimentos tornava a respiração difícil, deixando-o completamente "entupido", como ele próprio descreveu. A abundante secreção posterior era a forma de o corpo liberar essas emoções bloqueadas.

A observação clínica mostra que a tensão constante gerada da repressão de um sentimento indesejável acarreta alto nível de estresse, atingindo tanto os adultos em fase produtiva quanto as crianças, os jovens e os idosos. Geralmente, as crianças atingidas pelo estresse são vítimas da ansiedade dos pais, que procuram resgatar por seu intermédio os próprios sonhos não realizados. Delas esperam a compensação das próprias frustrações, criando-lhes uma agenda de fazer inveja a qualquer executivo: escola, balé, judô, professor particular, inglês, informática, natação etc. E vem o estresse!

As crianças não têm tempo de ficar a sós, de sonhar ou de olhar um pássaro voando, mesmo que seja da janela do apartamento. Não sobra espaço para os amigos imaginários, tão importantes para a formação da estrutura psíquica infantil. Preocupados com o futuro dos filhos, os pais esquecem que, para garantir sua formação, devem ajudá-los a se tornar pessoas integradas à própria realidade interior e capazes de compartilhar a beleza da vida. Mais do que decorar teorias, é importante apreciar a natureza, os rostos nas ruas, o vento, o nascer ou o pôr-do-sol, as quatro estações da vida e do amor.

Preparar os filhos para a terrível competição que os espera no mercado de trabalho inclui estar presente e atento para ouvir suas angústias, para perceber os conflitos gerados pelas expectativas e frustrações da família e da escola. Inclui ainda aceitar suas limitações e ajudá-los, no seu tempo, a superar os obstáculos.

A maioria deles chega ao fim da adolescência sem saber a escolha profissional, e, aos trancos e barrancos, se deixa levar por escolhas que nada têm a ver com seus talentos.

Como pôr os pés neste mundo sem morrer de medo, vendo os pais ressentidos, abatidos, sem entusiasmo?

Despreparados, os jovens ingressam num mercado de trabalho que oferece chances cada vez menores. Aos poucos, o vigor e os sonhos da adolescência desaparecem.

Sem muito tempo para pensar, se casam; então vêm os filhos, e os pais passam a esperar que eles os compensem desse desencontro. Um círculo vicioso que provoca angústia e muito mal-estar.

Quem sou eu? Antes que esta pergunta seja feita, os jovens já se perderam nos anseios do outro e na vida do outro. Crescem, e a realidade do mundo adulto se apresenta assustadora: violência, guerras intermináveis, corrupção, inflação e desesperança.

Os idosos também não estão livres do estresse, e chegar à terceira idade não é garantia de uma vida de sabedoria e tranqüilidade. Pelo contrário, a maioria se encontra afogada em solidão e desencanto. Os filhos crescem, a família e o trabalho saem de cena, e a maior parte deles tem a segurança comprometida pela minguada aposentadoria. Sem perspectiva de futuro, perdem a capacidade de cultivar a alegria e o senso de humor, e, dessa forma, a velhice está longe de ser o tempo de boas colheitas. A prova disso é que o mundo está cheio de idosos infelizes e ressentidos, que afastam a família e os amigos de suas vidas e evitam qualquer possibilidade de bem-estar.

Como construir um caminho confortável para a velhice?

Existem caminhos já percorridos, e outros a serem percorridos. Não adianta temermos as perdas que possam ocorrer no nosso curto período de vida terrena. A juventude, as perdas econômicas ou emocionais, o abandono e a solidão fazem parte da vida. A idéia de que todos vão morrer algum dia pode ser um tormento ou uma bênção, pois talvez nos leve a viver o presente de forma criativa, buscando mais sentido para as nossas vidas e extraindo o melhor das situações. Perdas e sofrimentos estão entre os ingredientes: sem eles, não reconheceríamos a beleza, a alegria e a felicidade dos demais momentos.

8 Neurose é carma

O ENCANTAMENTO DA INFÂNCIA ESBARRA NA RESISTÊNCIA dos adultos que, ansiosos, costumam jogar a criança para além do tempo presente, para um futuro abstrato, ao fazerem perguntas do tipo: "O que você quer ser quando crescer?"

Começa, então, o afastamento de nós mesmos. Crescemos sem saber ao certo o que queremos, mal conhecendo quem somos e precipitando escolhas que nos afastam cada vez mais da nossa realidade interior. Na tentativa de agradar aos outros, a busca se inicia, provocando ansiedade e frustração desnecessárias.

A psicologia, o acesso ao nosso mundo interior, tornou possível compreender os efeitos do nosso comportamento sobre as pessoas e colocar em prática os primeiros passos da ciência prestes a dar as mãos à espiritualidade. Matéria e espírito caminham para a integração. Temos acesso a diversas técnicas que auxiliam o autoconhecimento; podemos mergulhar nos tesouros submersos da nossa memória e conhecer as sinalizações deixadas ao longo da trilha já percorrida por nós, trazendo para o presente as experiências passadas.

Isso implica, em muitos casos, atravessar um campo minado e abandonado em guerras muito antigas a que, mesmo seguindo em frente, continuamos inconscientemente ligados. Sonhos frustrados, dores insuportáveis, perdas inaceitáveis — uma bagagem arrastada de modo inconsciente, que, por isso, muitas vezes torna a vida insustentável.

A isso chamamos neurose. Ela nasce quando a dor não pôde ser vivenciada: foi abandonada e esquecida no passado; ficou perdida no imenso registro da memória inconsciente. Nesse extenso oceano se encontram as experiências que não foram reconhecidas nem aceitas no passado, mas que continuam influenciando nossas atitudes no presente. A neurose nos leva a perceber a realidade com os olhos do passado, contaminados por medo, raiva e culpa que não foram bem resolvidos.

Carma é uma palavra que entrou na moda na década de 1970 e nos foi apresentada pela milenar cultura oriental. Trata-se de uma palavra sânscrita que significa "ação", força ativa que desencadeia reação, conseqüências. Dessa forma, nossas ações no presente influenciam acontecimentos futuros, o que significa que temos responsabilidade pela realidade construída, seja no âmbito pessoal, no familiar ou no social.

Carma tem a ver também com reencarnação e neurose. Chegamos ao ponto-chave: neurose e carma são a mesma coisa. A cada reencarnação temos a oportunidade de representar um papel diferente, com o qual aprenderemos algo.

No entanto, ignorando essa realidade, chegamos à nova vida mergulhados em total esquecimento, acreditando que somos apenas a imagem que vemos projetada. Representamos nosso papel como alguns atores que se confundem com a personagem que interpretam.

Carma e neurose são duas palavras encontradas com bastante freqüência no discurso contemporâneo. É preciso compreender bem o real significado de cada uma para não correr o risco de banalizar seu uso. Geralmente, as pessoas que estão com dificuldade para resolver um problema de relacionamento amoroso ou uma questão familiar a justificam, passiva e equivocadamente, com frases do gênero "Minha esposa é meu carma" — ou meu chefe, meu marido, meus filhos —, sem desconfiar que elas próprias são parte do problema.

Não adianta fugir, pois com pensamentos e ações construímos a realidade que nos cerca, e nos relacionamentos não existem vítimas nem algozes. Tanto no sucesso como no fracasso, cada qual tem sua parcela de responsabilidade. Incompatibilidades, intolerância, ressentimentos, tudo é jogado na conta do carma, confundindo seu verdadeiro sentido, banalizando seu significado para escapar da responsabilidade dos próprios atos.

Surdos à voz da consciência, como atores despreparados, erramos o texto, desperdiçando as oportunidades de aprendizado, repetindo sempre o mesmo padrão de comportamento. Terminamos a temporada terrena sem saber quais as armadilhas que nos prenderam, caindo novamente na roda da reencarnação para uma nova oportunidade.

São inúmeros os exemplos de neurose e carma, e a intolerância é uma armadilha que representa um grande perigo: provoca inimizades, separações, perdas, guerras e solidão. Os intolerantes acabam na solidão porque estão sempre criticando pessoas e situações, não confiam em ninguém e acreditam que suas escolhas servem de exemplo, até que, finalmente, olham à sua volta e descobrem que estão como realmente acreditavam: só existem eles no mundo.

Para uma mulher que está no terceiro relacionamento, os parceiros que encontra parecem ter os mesmos defeitos: tornam-se dependentes e ciumentos obsessivos. Alguns dirão que isso é carma; outros, que é neurose. Uma coisa ou outra, não importa: o que ela tem de fazer é descobrir porque sempre encontra o mesmo tipo de homem para se relacionar. O que estará precisando aprender?

Talvez, quem sabe, ela se sinta atraída pelo tipo de homem inseguro porque acredita que ciúme excessivo é prova de amor.

Cada pensamento e cada ação provocam conseqüências que podem ser geradas por uma pessoa ou por um grupo. Por exemplo: um ato cometido há vinte anos se reflete nos dias de hoje — basta observar sua escolha profissional ou uma que não foi tomada no passado. O que trouxe de positivo para a sua vida? E os pontos negativos?

A história da humanidade está repleta de exemplos de decisões tomadas em grandes momentos históricos: as guerras ou as grandes descobertas — avião, vacinas etc. — que influenciaram o futuro, de modo que podemos claramente conferir se observarmos os resultados na nossa vida presente.

Como vimos, carma nada tem a ver com castigo, como se costuma acreditar, mas sim com neurose, com causa e conseqüência. Somos responsáveis por aquilo que fazemos e, se não entendermos isso, repetiremos as mesmas experiências até que tudo fique claro. Se cometermos agressões contra a natureza e contra a vida, parte de nossa natureza vai nos cobrar o equilíbrio perdido.

Neurose é o mesmo. Significa reagir a novas situações como se ainda estivéssemos diante do fato passado. Repetir e repetir, porque ainda não aprendemos novas formas de agir. A pessoa que conviveu na infância com pais alcoólatras em constantes conflitos e agressões físicas, quando adulta, repetirá situações semelhantes, bebendo e brigando — não por condição genética, mas por conta do vírus psicológico que adquiriu quando pequena, do qual não conseguiu se curar. E qual seria a cura? O próprio veneno: conhecer os sentimentos que carrega desde a infância — medo, raiva, culpa —, vencendo a dificuldade de confrontar, de atravessar e de esgotar os momentos de dor. Para fugirmos de tais momentos, montamos estratégias mirabolantes, desviamos a rota ou ficamos sentados à beira da calçada, reclamando, sem avaliar o estrago e sem definir um caminho para seguir em frente.

A vida é um jogo que precisa ser jogado com claro conhecimento das leis de causa e efeito. Da mesma forma como o camponês cultiva a terra, se semearmos ódio, colheremos ódio; se semearmos amor, os frutos serão doces. Outra lei inserida no jogo da vida é a da afinidade. A pessoa que se deixa levar por atitudes violentas vai se deparar com situações agressivas. O resultado dessa equação matemática é uma vida repleta de experiências avassaladoras e situações conflitantes.

Tudo o que sentimos intensamente e imaginamos de forma clara fica gravado em nossa mente subconsciente. Se a pessoa imaginar repetidamente uma idéia, acabará por materializá-la em sua vida. Tenho o exemplo de uma paciente, Eliane, que sentia muito medo de ser abandonada, e esse sentimento ocupava a maior parte de seus pensamentos. Tudo girava em torno dessa idéia, que ela rejeitava, embora empregasse a maior parte de sua energia mental imaginando situações dolorosas de abandono. "Assim", ela dizia, "fico ensaiando como agir, caso venha a enfrentar uma situação de abandono."

Ensaiou tanto que se afastou de qualquer outra possibilidade, porque pensamento é energia e, como tal, atrai energias semelhantes. Não foi preciso ter bola de cristal para prever o resultado disso: ela se apaixonou por um homem que correspondia exatamente ao perfil do sedutor que atraía a presa para depois abandoná-la.

9 Vestígios do tempo

O TEMPO QUE CONHECEMOS PELA MARCAÇÃO DOS PONteiros do relógio pouco tem a ver com a realidade das emoções. Quando voltamos o filme da memória, cenas vão e vêm, atrás e adiante no tempo, e, numa fração de segundos, podemos reviver sentimentos intensos que na escala do tempo convencional exigiriam horas ou anos a fio para ser vivenciados.

Presente, passado e futuro são convenções criadas para facilitar nossas percepções, e — não sei por quê — na maioria das vezes transitamos do passado para o futuro sem nos deter no presente. Por que é tão difícil vivenciarmos o tempo presente?

Talvez, porque o passado nos aprisione, o futuro nos seduza e o presente seja inédito e precise ser enfrentado em primeira mão. Trata-se da tentativa de mudar aquilo que não pode ser mudado e da ilusão de poder controlar o que está por vir. O presente parece real demais para ser suportado. No entanto, nele estamos em ação, podemos mudar o movimento e redirecionar os fatos, permitindo resultados diferentes no futuro.

Quantas possibilidades de mudar a realidade escapam apenas porque estamos distraídos olhando para trás. Por exemplo: um casal está em dificuldade financeira porque, no passado, ele ganhava bem e então a mulher largou o emprego para cuidar dos filhos. Entretanto, agora que ele está sem o cargo de direção na empresa, a renda familiar diminuiu bastante.

Viviane se encontra deprimida, vive se lamentando das perdas, e embora tenha talento para a arte culinária, recusa a sugestão dos amigos que se reuniram para ajudá-la a iniciar uma microempresa de congelados. Ela sempre encontra uma desculpa para continuar como está, "Afinal, é muito pouco para eu ficar sem meu tempo livre depois que as crianças vão para a escola". O marido, por sua vez, também se acomodou e resiste a uma mudança. O casal criou um padrão de co-dependência — ela não quer abrir mão do tempo livre e ele prefere isso a arriscar que o talento da esposa supere o seu. Dessa forma, eles não produzem nenhuma ação transformadora, negam qualquer chance de mudança e, pelo menos no que depender deles, vão continuar à mercê da maré.

Os pensamentos exercem grande poder sobre as ações e, de acordo com sua qualidade, podem influenciar a realidade tanto pelas lembranças boas como pelas ruins. Quando relembramos um fato agradável e nos perdemos nos detalhes da experiência vivida no passado, ele se torna vivo no presente, nos envolvendo no clima de harmonia e felicidade.

O mesmo acontece quando uma lembrança ruim ocupa nosso pensamento, deixando sentimentos desagradáveis no presente. A melhor maneira de avaliar o que estou dizendo é experimentar novamente uma situação do passado em que você se sentiu mal. Após relembrar alguns detalhes do fato, você acabará se sentindo como se tivesse se deslocado na máquina do tempo, aterrissando no momento do incidente, há bastante tempo.

Conheci uma mulher que estava para se casar e, sem mais nem menos, começou a desenvolver distúrbio do pânico. Ao procurar a terapia, ela descobre que numa vida anterior, por questões políticas, fora obrigada a se casar com o mesmo homem que na vida atual era seu noivo. Na existência passada, as condições em que se encontrava impediam que houvesse um final feliz; assim, a saída que ela encontrou foi adoecer e morrer devido a problemas pulmonares. Mas nesta vida a situação era bem diferente: era uma mulher independente, bem-sucedida, e ao atravessar e elaborar o trauma da vida anterior encontrou a lucidez de perceber a diferença e compreender que o tempo era outro, e as circunstâncias também. Sem dúvida, foi extremamente proveitosa a regressão, ao permitir que ela cortasse a influência que o passado estava exercendo sobre seu comportamento atual.

Objetos inanimados também são capazes de despertar emoções boas ou más, das mais simples às mais complexas. Muitas vezes, sentimos um desconforto que nada tem a ver com o que está ocorrendo no presente — ele apenas foi reestimulado por semelhança com algum objeto do passado. Um lugar, um ambiente, tudo nos influencia. Até mesmo uma música, o timbre de uma voz, o jeito de andar de alguém, um filme ou uma paisagem podem despertar nossa memória emocional, tanto para a alegria quanto para a tristeza, a raiva, a dor, o prazer, e nos fazer sentir o mesmo desconforto que experimentamos diante de um fato do passado.

A paciente Nina chegou à terapia dizendo que estava sentindo forte angústia. Havia vários dias que se encontrava com dificuldade para dormir. Pedi que ela relatasse os fatos da semana e se lembrasse de algum sonho. "Nenhuma situação nova ocorreu", ela disse, "apenas um sonho que não vale a pena contar, uma bobagem."

Essas "bobagens" costumam trazer importantes comunicações do inconsciente. Pedi que, mesmo assim, ela me contasse o tal sonho. Ela havia sonhado com duas personagens da novela a que estava assistindo: uma megera que ameaçava com um facão "a coitadinha da vítima", como ela própria descrevera. No final da sessão, ela compreendeu que usara as duas personagens da novela para representar, no sonho, seu relacionamento com a mãe. Ao procurar a terapia por causa do excesso de peso e da compulsão para a comida, ela entrou em contato com o medo que sentia da megera da novela, o mesmo medo que surgia diante da mãe.

Era assim que Nina via a mãe, desde pequena: como uma bruxa. Engordara para se proteger, porque, sendo uma criança magrinha, sentia-se ameaçada. Embora a ameaça não correspondesse à realidade, o primeiro passo para se libertar do padrão compulsivo foi compreender o medo que sentia da mãe. Com o desenvolver da terapia, ela chegou a uma vida passada em que sua mãe atual, como sua inimiga, a havia assassinado. A terapia a ajudou a compreender o conflito desse relacionamento, já que a mãe demonstrara vontade de reparar o erro cometido, aceitando-a como filha. Esse foi um passo importante para sua mudança de padrão e, a partir daí, Nina avançou rapidamente em direção à solução de seu problema.

Em nosso inconsciente habitam constelações traumáticas que podem, a qualquer estímulo, nos afetar, despertando situações insustentáveis. Os traumas acumulados desta e de outras vidas, quando reativados, despertam a constelação negativa, fazendo voltar a sangrar a ferida do passado. Dependendo da quantidade de traumas reativados, a pessoa pode se sentir incapaz de reconhecer a realidade à sua volta.

No curso primário, atual ensino fundamental, eu gostava de parar no caminho para a escola e tocar na "dormideira", nome com que batizamos o matinho que nascia entre as placas de cimento da calçada. Ao ser tocada, ela encolhia, fechando-se em si mesma. É assim que agimos quando somos magoados ou não conseguimos compreender uma realidade assustadora: fechamo-nos para o mundo. Lembro que à medida que a plantinha se encolhia, eu ia percebendo que tudo à minha volta pulsava. Isso era bom e ruim, ao mesmo tempo. Por um lado, sentia-me integrada a tudo o que me cercava; tudo pulsava no ritmo do meu coração. Por outro, a vida ganhava um aspecto grandioso e assustador.

Quando observamos o movimento da vida, percebemos o tempo e, com ele, a questão das perdas. Crescemos, perdemos algumas coisas, ganhamos outras, mas permanece sempre a vontade de ganhar sem ter de abrir mão de nada. Impossível!

Ainda na infância, passei uma noite sem dormir, virando na cama de um lado para o outro, tentando compreender o que a professora havia explicado na sala de aula: "Aqui, os ponteiros do relógio: o grande mostra as horas e o pequeno representa os minutos."

Até aí, tudo bem, mas na busca de compreender a relação dos ponteiros do relógio com a passagem do tempo, as perguntas brotavam como capim em minha mente.

Quem estaria por trás de toda essa engrenagem gigantesca? Quem havia determinado que o tempo seria medido pelos ponteiros do relógio? E se eu girasse os ponteiros para outra direção, como ficaria o tempo?

Estas questões abstratas tomavam proporção tão assustadora que o resultado foi uma terrível insônia que só se curou quando decidi correr para a cama dos meus pais.

É inevitável. Tempo, espaço e movimento deixam cicatrizes valiosas, e não adianta tentar passar pela vida sem marcas, porque alegrias e tristezas são faces de uma mesma moeda. Se observarmos os tipos inesquecíveis dos romances ou as figuras marcantes que se destacam pela vida afora, todos tiveram vidas plenas de alegrias e dores.

Cada vez mais, acredito que para beber o vinho e comer o pão, no banquete da vida, é preciso abrir o coração e a mente, de modo a mergulhar no amplo universo das relações afetivas.

10 A memória e o tempo

"Quando me lembro daquele dia, sinto uma enorme dor no peito. Sua imagem de costas, o som da porta batendo..."

Esta é uma narrativa bastante comum de momentos traumáticos, e pouco importa se o fato doloroso ocorreu há dez dias, há dez anos ou há mil anos. Ao ser revivida, mesmo depois de muito tempo, a emoção se apresenta tão viva como quando foi experimentada pela primeira vez. A liberação do trauma dá a impressão de que a pessoa libertou uma parte sua que estava presa em algum lugar do passado.

O norte-americano Ron Rubbard, pesquisador da consciência, desenvolveu, na década de 1950, técnicas importantes, na cientologia, que provocam o retorno ao momento básico da dor ou da inconsciência, para descarregar toda a carga emocional reprimida durante o trauma.

Quando nossa atenção fica presa a um acontecimento do passado, sempre que nos deparamos com um fato semelhante, repetimos o comportamento anterior, ainda que ele tenha ocorrido há dez anos ou há dez mil anos. Ao reviver o momento da separação, Ana Luiza está submersa em confusão e mal-estar. Seu relato é confuso e repleto de carga emocional. Para superar essa dificuldade, ela terá de admitir que a situação ocorrida no passado não pode ser mudada e aceitá-la como fato consumado. Mais ainda: terá de conhecer de perto suas perdas. Além do homem amado, o que mais Ana Luiza perdeu com a separação?

Ela perdeu um padrão familiar que lhe servia como cartão de visitas? Perdeu posição social, segurança, ou perdeu um sonho, uma idealização, uma parte de si mesma que foi transferida para outra pessoa?

Só depois de encontrar algumas respostas Ana Luiza teve coragem de ir fundo nas emoções, aceitou as perdas e encontrou nelas forças para recuperar o equilíbrio emocional e seguir em frente.

Depois que admitimos as perdas, tudo começa a melhorar. Antes disso, o que ocorre é a repetição de uma dor sem fim. A ponte que nos leva para trás e para a frente na linha imaginária do tempo é a memória, e viver um fato doloroso, ou apenas o medo de que ele aconteça, é suficiente para deslocar nossa atenção em direção ao passado. Em fração de segundos, nos vemos mergulhados nos infindáveis arquivos do inconsciente, nos quais se encontram outras situações semelhantes. Então, a confusão aumenta.

E por que fazemos isso? Por que nos sentimos atraídos por fatos desagradáveis do passado? Por que geralmente buscamos o lado ruim da vida, em vez de seu aspecto agradável?

Essas respostas são as que devem ser procuradas nos registros de nossa memória.

E onde se encontram esses registros?

Não se pode ingenuamente admitir que eles estejam arquivados nos labirintos das conexões cerebrais. Acreditar nisso seria como a crença da criança que pensa que é dentro do aparelho de TV que está sendo feito o programa a que ela está assistindo. Aos 4 anos, eu costumava me esconder atrás do rádio para surpreender as personagens do programa que estava terminando, imaginando que, então, elas sairiam do aparelho para retornar às suas casas.

Só mais tarde pude compreender que o rádio era apenas um aparelho que transmitia programas cuja fonte se encontrava em outro espaço. Da mesma forma, tudo indica que a memória faz parte da consciência, que se utiliza do cérebro como o aparelho para se expressar no mundo físico.

Nossas vivências parecem ficar impressas não apenas na memória, mas também nos objetos, ambientes e em todos os locais pelos quais passamos, formando um extenso acervo de registros à nossa disposição. São experiências que podem vir à tona de modo súbito, levantando poeira, revelando apegos e despertando sensações boas ou ruins. Já que não podemos mudar os fatos, podemos, pelo menos, transformar as emoções despertadas, desenvolvendo um novo olhar para o presente.

Depois de três anos vivendo e estudando em Paris, voltei ao Brasil sentindo-me radiante: estava grávida de minha filha Júlia. Embora pretendesse ficar apenas alguns meses, para que minha mãe, que estava doente, pudesse assistir ao nascimento da neta, acabei ficando definitivamente. Os planos mudaram. Minha filha nasceu e fomos morar numa casa em Laranjeiras, de pé-direito alto, piso de tábua corrida, no qual Júlia deu os primeiros passos. Muitas alegrias, algumas tristezas e muitas fotografias tiradas da janela contornada por pedras portuguesas.

Alguns anos se passaram, eu mudei de casa, como muitas situações mudaram em minha vida. O tempo correu, e, alguns anos depois, fui convidada a dividir um consultório numa pequena clínica em Laranjeiras. Para minha surpresa, reconheci a mesma casa em que vivera antes. Aproveitei o silêncio do lugar e percorri as salas, agora usadas como consultórios para psicoterapia transpessoal. Fui então percebendo que cada momento que eu vivera ali estava impresso no ambiente. As paredes haviam sido pintadas de outra cor, e os móveis, trocados, mas eu podia ouvir claramente a voz de Júlia balbuciando as primeiras palavras, nossas vozes se misturando à música que eu costumava ouvir, as cantigas de ninar e as histórias que eu contava para ela antes de dormir. Os risos, os primeiros passos, o choro sentido da primeira queda ao tentar se equilibrar, suas descobertas, seu crescimento, minhas descobertas, meu crescimento e os sonhos — alguns conquistados, outros, não.

No primeiro momento, uma dor profunda tomou conta de mim. Tudo o que havia se perdido no tempo estava agora ali — na minha memória, ou impresso no ambiente? Talvez dentro e fora de mim.

Sonhos, alegrias, tristezas, conquistas e derrotas, momentos bons e ruins, embaralhados, sem ordem cronológica. Num certo momento, percebi que havia uma força estranha puxando minha atenção para as lembranças ruins. Em poucos minutos, meu estado de espírito havia mudado. Uma certa zonzeira, raiva, culpa, ressentimentos se misturava sem muita lógica. Diante de sensações tão desconfortáveis, decidi mudar o foco de minha atenção para uma seqüência linear no tempo e ordenar os muitos fatos agradáveis vivenciados na temporada que passei naquela casa. Procurei me desapegar do passado, valorizando o movimento que me levou a novas oportunidades.

Incrível como em poucos segundos havia uma enorme lista de lembranças felizes. Pude reviver claramente um precioso momento em que Júlia, aos 6 anos, correndo sob a chuva fina, entusiasmada, queria participar da nossa mudança para o novo apartamento em Ipanema. Acompanhando o ir e vir dos carregadores, ela estava inteiramente ali. Cada caixa que seguia para o caminhão era uma alegria, um pedaço da casa velha indo para a casa nova, as cenas passando na minha mente como num filme. De repente, a tampa da poncheira de cristal que ganhei de minha avó caiu e se quebrou. Senti uma raiva incontrolável. Não era possível! (Ah! essa terrível mania de achar que podemos controlar os eventos.)

Quase deixei que o mau humor estragasse aquele momento, mas observei minha filha, indiferente aos cacos da poncheira quebrada. Retirei-os do caminho para evitar qualquer acidente. Com esforço, trouxe de volta minha atenção ao momento maravilhoso que estávamos vivenciando: a esperança em cada objeto que era levado para o caminhão.

Com minha filha, pude aprender naquele momento a importância de mergulhar na experiência, priorizando o que realmente tem importância. Aos 6 anos, ainda somos livres o suficiente para não nos deixar aprisionar pela perda de um objeto. Manter a poncheira intacta não manteria viva a presença de minha avó tão querida, que, sem dúvida, permanecia em minha memória. Os sedosos cabelos brancos, o sorriso, a aparência delicada, os vestidos de crepe floral, os sapatos de saltinho de camurça preta, todo o bom gosto que dela se exalava.

O que aprendi com vovó Rosalina continuava vivo: o piano e a teoria musical, o sabor da deliciosa geléia de uvas que ela fazia e o doce aroma das rosas que ela cultivava. Dela herdei o gosto pela culinária, e, com paciência, ela me ajudou a superar as crises à mesa. Quando eu implicava com algum legume, ela me dizia baixinho:

— Experimente só um pouquinho.

— Não gosto do verde do quiabo — eu reagia.

— Feche os olhos e preste atenção ao cheiro — ela me convencia.

Assim, consegui vencer a barreira do preconceito com o verde do quiabo e o amarelo da cenoura, construído a partir da obrigação de "comer legumes para crescer com saúde". Vovó Rosalina jamais usava esse tipo de argumento, e talvez tenha sido isso o que me levou a comer legumes sem ânsia de vômito. Crescer saudável, mas no melhor sentido da palavra. Quando a gente percebe que existem outras maneiras de entender a vida, tudo fica mais fácil. Minha avó sabia disso, mas era voz corrente na família que ela não fora tão diplomática, tolerante e carinhosa quando jovem. Dotada de um "gênio forte", como a definiam, ela só conseguiu encontrar seu centro na idade madura. Com as deliciosas receitas de doces, que ela aprimorava cada vez que os fazia, vovó Rosalina demonstrava que viver é a melhor forma de compreender e superar os próprios defeitos. Ela aprimorou sua visão de mundo e das pessoas, porque aprimorou a visão de si mesma. Nada lhe tirava a calma, nada era mais importante que o sorriso e a esperança. Sem nenhuma palavra ou teoria, aprendi com ela que as perdas nos amaciam e aliviam o medo, e que ignorar — ou temer — o tempo só traz frustração.

O que fazer, então, para tornar a vida menos frustrante? Como manter o brilho nos olhos e a esperança no coração?

Outras lembranças e aprendizados vieram à mente — em especial por meio de um fato da minha infância, um grande obstáculo que precisei aprender a superar. Estávamos iniciando os preparativos escolares para a festa de Primeira Comunhão. Na minha fantasia, seria um dia perfeito como o dos contos de fadas: o vestido branco, a guirlanda de flor de laranjeira, as luvas e o véu branco, e o príncipe encantado.

Dias antes, sofri minha primeira decepção: um de meus dentes de leite da frente amanheceu muito mole e caiu antes do fim da tarde. Pronto! Já podia imaginar a falta do dente embaçando o brilho do grande dia! Eu já não me sentia mais uma princesa em núpcias, e mergulhei em profunda angústia.

O problema parecia definido, mas não parou por aí. Chegou o dia do ensaio geral e a professora começou a determinar os pares por semelhança de altura. Eu era uma das mais baixas. Foram desfilando lindos pares — Ana Maria e Zezinho, Soninha e Felipe e assim por diante —, todos louros ou quase louros, de olhos azuis, verdes, mel, perfeitamente enquadrados no modelo de beleza principesco.

Chegou minha vez, e a grande expectativa provocou um frio agudo no estômago. Quem seria o escolhido para ser meu par?

Foi então que vi Luizinho vindo em minha direção. Não, mil vezes não! O choque foi intenso, mas tentei disfarçar para não magoá-lo. Logo o Luizinho, tão alegre, gentil, mas pretinho como uma jabuticaba. Um enorme conflito se instalou: ou eu me sentiria uma menina má e recusaria Luizinho por não caber nos meus sonhos de princesa, ou seria "boazinha" e entraria na igreja ao lado do sorriso branco e simpático do parceiro que me foi imposto.

Para onde iriam meus sonhos? Só se faz Primeira Comunhão uma vez. Era demais: além de ter de me contentar com a falta do dente, ainda teria de encarar o Luizinho. Um lado dizia que sim, o outro, que não. O conflito se estendia, sem que eu encontrasse uma saída.

Afinal, ele era meu amigo, sempre tão educado, engraçado, com um raro senso de humor e companheiro de brincadeiras no recreio. Por outro lado, para onde iriam minhas fantasias de contos de fadas, se ele não se encaixava no padrão esperado? Por que comigo?

Foram dias de tormento, repetindo mentalmente as palavras de meu pai sobre o preconceito racial e o real valor do ser humano: a alma. Uma parte de mim tentava se convencer disso; a outra, não.

O tempo passava, e como não aparecia a solução mágica que eu esperava para resolver meu problema, me encontrei diante da única alternativa razoável: viver o grande dia como ele se apresentava, e minimizar os imprevistos. Isso mesmo! Escondi a falha nos dentes fechando o sorriso o mais que pude, e entrei de mãos dadas com Luizinho. Essa foi minha primeira experiência em apaziguar meus conflitos.

11 Sobre a vida e a morte

Para entender a morte é preciso amar a vida. Como as duas faces da mesma moeda, negando uma estaremos negando a outra. Tentarmos nos enganar com a ilusão de que os eventos e os fenômenos da vida estão sob nosso controle nos mantém aprisionados à fantasia infantil de que nossos desejos controlam nossos pais.

Tudo vai muito bem até que somos surpreendidos por uma situação de grande ameaça: a morte de um ente querido, a perda do emprego, um assalto, ou qualquer outro tipo de violência que ameace nossa vida ou a de pessoas próximas. É nesse momento que pode surgir o primeiro ataque de pânico. A pessoa que mantinha a ilusão de ter a vida nas mãos encontra-se, subitamente, diante de um evento que não pode controlar.

Compreender isso poderá ajudar a conduzir melhor a vida, e qualquer processo de cura dependerá bastante desse conhecimento, como observei em meu consultório. Vários casos de pacientes que sofrem de pânico citados neste e em outros livros meus comprovam o que estou afirmando. A terapia deve ser conduzida no sentido da aceitação da condição humana, no exercício das questões de vida e de morte.

No meu dia-a-dia, costumo acompanhar muitas vidas e muitas mortes de existências anteriores vividas por meus pacientes. Mesmo assim, não posso dizer que me sinto à vontade com a idéia da morte — sentir a dor da morte significa confrontar a incompetência humana com os grandes mistérios da vida.

Cada perda de um ente querido que vivenciei foi sentida de forma diferente. Todas levaram uma parte de mim, deixando sentimentos que tiveram de ser apaziguados. Meu pai deixou um grande vazio, um desconfortável sentimento de culpa e alguma rejeição. Durante toda a adolescência tive um sonho recorrente: ele voltava jovial e bastante satisfeito de uma viagem pela Europa.

Na minha fantasia infantil, não fora capaz de impedir sua morte. Desígnios superiores foram mais fortes do que eu. Esta foi a primeira lição: narcisismo? onipotência?

Tudo isso e ainda mais a culpa por ter sido incapaz de impedir sua morte. Havia também o sentimento de rejeição. A psicanálise e, depois, a terapia de vidas passadas (TVP) ajudaram-me a liberar os sentimentos traumáticos e a aceitar a perda de meu pai.

Com minha avó materna, Rosalina, foi diferente. Aos 94 anos, alegre e saudável, ela passou desta para a outra vida da forma suave como viveu. Um acorde longo, como as oitavas que ela tocava ao piano tentando alongar ao máximo as mãos encurtadas pela artrose. Pelos relatos de quem acompanhou seus últimos momentos, pude concluir que a morte natural — coisa rara hoje em dia — chegou ao compasso do adágio. Um resfriado serviu para sua passagem. Despediu-se com um sorriso saudoso e curioso nos lábios, beijou todos e deixou um beijo para mim, que não estava presente. Partiu como um pássaro alçando vôo. Foi a primeira vez que considerei que a morte poderia ser uma experiência transcendental e bonita.

Com Maria Helena, grande amiga, a partida foi de forma brusca. Surpreendeu todos. Seu carro foi atingido por outro, em Petrópolis, quando ela trazia trutas para o almoço. O outro carro havia tomado a estrada errada. Isso determinou sua partida.

De forma súbita, seu corpo cheio de vitalidade tornou-se inerte. Estranho compreender os mistérios que envolvem a viagem de volta. Ela costumava contar com muito humor que aos 17 anos um anjo lhe dera uma segunda chance. Ela voltava de Búzios de carro com amigos, eles sofreram um acidente, e apenas para alguns conhecidos ela relatava o sonho que tivera no hospital em que se internara gravemente ferida: "Um ser luminoso, como um anjo, apareceu e me disse: 'Você vai sobreviver; foi-lhe dada uma segunda chance — aproveite-a.'"

Ela sobreviveu, e cerca de vinte anos depois o tal anjo deve ter voltado para buscá-la. Quando soube de sua morte, ouvi dezenas de vezes o recado que ela havia deixado na minha secretária eletrônica algumas horas antes do acidente. Custou-me acreditar no que ocorrera, e perceber como é tênue a fronteira entre a vida e a morte, que pode ser atravessada de um segundo para outro.

Grande sinal de sabedoria está em reconhecer que aceitar a morte valoriza ainda mais a vida, como demonstrou uma amiga que se submeteu, com sucesso, a uma cirurgia para extirpar um câncer no seio. Altamente espiritualizada, Luzia, inteligente e bem-informada, é o tipo de pessoa que não perde tempo com teorias de vida inaplicáveis. Não pertence a nenhuma instituição religiosa, mas leva a vida religiosamente.

Luzia sofria sem se desesperar e sem se sentir injustiçada. Viveu momentos de medo, mas sempre procurando compreender o significado de sua doença, fazendo o que estava a seu alcance para superá-la. O que mais me surpreendeu foi sua capacidade de sentir e aceitar sua dor.

"Tenho medo de morrer, mas esse medo não é suficiente para me fazer esquecer que esta vida é efêmera. Eterna é a vida espiritual. Sinto que estou aqui e que aqui ficarei até quando for necessário. Se a cura estiver na programação desta minha vida, ela acontecerá. Vou fazer o que posso; o resto deixarei ao encargo dos desígnios superiores."

Preparada para morrer, Luzia mostrou que estava preparada para viver intensamente. E, após o sucesso da cirurgia, ela afirma que sua vida mudou em muitos aspectos.

"Parece que estou iniciando uma outra vida. Muito de ruim parece ter ido embora com a cirurgia."

A médica e pesquisadora Elisabeth Kübler-Ross, no livro *A roda da vida*, ousou fazer novas e profundas reflexões sobre a morte. Trabalhou com doentes terminais, ouviu suas angústias, rompeu a barreira do silêncio que envolve em medo aqueles que estão diante do grande mistério da morte. Com coragem, ajudou-os a enfrentar a travessia da realidade material para o mundo espiritual. Descortinar esse horizonte foi a tarefa em que essa médica pioneira se empenhou nesta vida.

Elisabeth ajudou pessoas a superar o medo da morte e a elaborar a riqueza dessa experiência: quando aprendemos a lição a que estamos destinados nesta vida, a dor e o medo desaparecem.

Quando estamos diante de alguém que se prepara para partir, fazemos vista grossa, com medo de enfrentar nossa própria angústia. Blefamos, evitando tocar no assunto, impedindo que a pessoa possa expressar seus medos e despertar os nossos — uma difícil situação.

Como nos Estados Unidos a relação com a morte é quase sempre prática, o paciente costuma ser informado da sua situação e participar de todos os detalhes do seu funeral.

Em Houston, uma vizinha de minha irmã, uma senhora idosa, com câncer em estado terminal, escolheu uma decoração inteiramente rosa para o seu quarto e acompanhou cada detalhe dos enfeites, como costumamos fazer para as festas de aniversário. A roupa, os complementos e a maquiagem, também. No dia de seu enterro, a casa parecia enfeitada para uma festa de debutantes.

De qualquer forma, mesmo em países que adotam esse tipo de procedimento, a relação com a morte ainda necessita de um pouco mais de naturalidade para a sua compreensão. Não resta dúvida de que aceitá-la, facilitará nossa relação com a vida. Para entender melhor esse enorme conflito, vamos a Maurício, que se empenhou em construir uma ponte até sua alma e encontrar forças para enfrentar o profundo medo da morte.

Mesmo sendo espírita e acreditando na vida após a morte, Maurício foi tomado por enorme medo ao receber a notícia de que estava com um câncer muito agressivo. Os tratamentos mais avançados não foram suficientes para vencer a doença. Ele atravessou as várias etapas emocionais que atingem os doentes terminais: raiva, rebeldia e, finalmente, humildade. Esta última etapa foi muito importante para que ele reconhecesse seus sentimentos mais íntimos. Sentia muito medo.

"Sou espiritualista", ele confidenciou à minha irmã Teresa. "Pensei que bastasse a teoria para aceitar a morte. Agora, diante dessa experiência inédita, devo admitir que estou assustado e com muito medo, apavorado mesmo."

Ao falar do problema, Maurício permitiu que a família e os amigos o escutassem, ajudando-o a atravessar os momentos difíceis até sua passagem para a outra vida. Essas observações ajudam a entender o quanto o medo da morte atrapalha nossa relação com a vida.

12 Estados depressivos

Esse tema está cada vez mais presente no nosso cotidiano. Mesmo os mais otimistas e alegres já tiveram seu momento depressivo. A memória fica alterada para pior, a força de vontade se perde de vista, e se alteram também o apetite, o sono, a afetividade e a sexualidade. Os especialistas afirmam que a depressão se caracteriza por declínio da produção, abatimento moral e físico, intenso desânimo, ansiedade ou letargia.

Na compreensão popular, esse estado mórbido leva a pessoa a se afastar da vida devido a forte decepção, medo de seguir em frente ou algum sentimento de culpa. A raiva pode ser outro fator a favor da depressão, pois quando a pessoa não consegue canalizar sua raiva em direção ao alvo certo ela se volta contra a própria pessoa.

O senso de observação clínica me leva a acreditar que a culpa associada à baixa auto-estima e à raiva se torna um ingrediente potente do estado depressivo, que geralmente começa de forma silenciosa: desânimo, falta de energia ou pequenos sintomas físicos.

Quando a culpa surge, vem acompanhada das justificativas para se manter em permanente estado de infelicidade. Na maioria das vezes, a pessoa não tem consciência desse sentimento e não entende por que o mundo real se tornou ameaçador. Todos parecem censurá-la, e, acuada, ela vai se afastando do convívio social, perdendo o interesse por tudo à sua volta, incapaz de enfrentar a realidade — com suas alegrias e dores. O círculo vicioso de pensamentos negativos se instala.

A trama tecida pelos próprios pensamentos serve de medida autopunitiva, permitindo que a depressão vá consumindo, pouco a pouco, o entusiasmo e a vitalidade da vítima. "A vida perdeu o sentido", "Nada vale a pena", "Viemos ao mundo para sofrer..." são expressões recorrentes da pessoa deprimida.

Mães entram em depressão pós-parto levadas, entre outros sentimentos, pelo medo das mudanças que o nascimento do bebê trará para as suas vidas. Não importa se serão positivas — o que elas sentem é um medo assustador da perda da estabilidade que possuíam. A resistência às mudanças é uma característica comum nos estados depressivos, por isso a instabilidade provocada por perdas profissionais, sociais, aposentadoria, menopausa e andropausa pode colaborar bastante para o quadro. Além dos processos cirúrgicos que trazem modificações no físico ou nos hábitos do paciente, alguns medicamentos, drogas ou bebida alcoólica também podem provocar depressão.

É importante observar que muitas das vítimas da depressão se encontram entre os jovens de famílias que possuem bom poder aquisitivo, os quais nem sempre apresentam problemas de desajuste familiar — ao contrário, muitas vezes, fazem parte de uma realidade que, à primeira vista, não justifica a falta de entusiasmo e a perda da vontade de viver que apresentam. Deve ser considerada a enorme transformação física e social que os adolescentes precisam enfrentar. De um momento para outro, eles passam a estranhar a própria imagem projetada no espelho, a não se reconhecer, e, caso possuam outros níveis profundos de inseguranças, tal momento poderá ser o catalisador da depressão. As responsabilidades que o mundo adulto anuncia e os sentimentos de incapacidade que os jovens carregam são ingredientes suficientes para fazê-los recuar diante da vida.

Nossa sociedade foi construída com base em valores, muitas vezes, distantes da realidade humana. Mitos de coragem, sucesso e beleza contribuem para que as pessoas, que se sentem amedrontadas de enfrentar a vida profissional ou afetiva, recuem sem conseguir encontrar um caminho alternativo para suas vidas. Existe pouco espaço para aqueles que pensam e sentem de modo diferente da maioria, para a expressão individual e a criatividade. Algumas pessoas conseguem romper e ultrapassar esse limite. Outras sucumbem ao desânimo e mergulham em sentimentos de derrota.

Geralmente, são poucos os casos de cura da depressão pelos métodos convencionais, porque a indústria farmacêutica, sem se preocupar com a causa das doenças, investe fortunas em pesquisa e fabricação de remédios que servem apenas para encobrir os sintomas. Drogas e mais drogas são produzidas sem a devida atenção aos seus graves efeitos colaterais, porque não existe compromisso com a saúde. Verbas milionárias são investidas na pesquisa de novas drogas, e os resultados se mostram insuficientes — apenas um paliativo, sem foco na questão básica: o que provoca esse estado?

A medicina só considera mente e físico as causas da depressão, por isso o tratamento é feito por meio de medicamentos que enrolam a língua e embotam qualquer raciocínio mediano. Ocultar a doença está longe de ser uma porta para a cura.

Por que até hoje parte da verba da pesquisa farmacêutica não foi investida na linha da medicina vibracional, o campo de estudo de vários cientistas, como o médico e pesquisador norte-americano Richard Gerber? O Dr. Gerber considera incompleto qualquer sistema da medicina que negue ou ignore a existência dos múltiplos níveis do indivíduo, porque exclui o atributo mais importante do ser humano: a dimensão espiritual.

Enquanto a psicologia contemporânea tenta investigar a importância das emoções para a compreensão, a prevenção e a cura das doenças, a medicina espiritual e a psicologia transpessoal ganham terreno, porque consideram o corpo e a mente uma coisa só — as emoções são vistas como parte integrada à doença.

Conhecer os sintomas, a época em que surgiram e como estava a vida do paciente em tal momento é um caminho para compreender o significado que a doença tem para o paciente. Mesmo os aspectos genéticos e as circunstâncias que favorecem o aparecimento das doenças podem ficar adormecidos, se a pessoa estiver emocionalmente equilibrada e feliz.

Quando um fato provoca uma emoção negativa que encontra eco em eventos anteriores, a pessoa volta a se sentir como no passado. Se houve uma doença na infância ou numa vida passada provocada por uma situação semelhante à que ela está vivendo novamente, é provável que ela desenvolverá os mesmos sintomas.

Andréa, 20 anos, não conseguia terminar a faculdade e mantinha um péssimo relacionamento com a mãe e com o padrasto. Constantemente, era tomada por um estado depressivo que a levava a se trancar no quarto em profunda inércia.

Após frustrados tratamentos médicos, ela se decide pela terapia de vidas passadas, consciente de que o processo poderia ser acessado apenas por sua memória biográfica, desde que a fonte do problema se encontrasse lá. Mas não foi o suficiente. Os fatos traumáticos revividos da infância aliviaram somente os sintomas, e Andréa, então, avançou até algumas vidas passadas. Seguindo o fio cármico da depressão, ela atinge o trauma básico, a fonte do seu problema atual. Em duas vidas anteriores havia eventos dolorosos. Numa delas, Andréa saiu de casa, muito jovem ainda, para fugir da violência da mãe. Por ingenuidade, acaba prisioneira de um oportunista, prostitui-se e termina por se suicidar. Na outra, ela havia assassinado o padrasto bêbado, que tentara violentá-la.

Como esses fatos influenciavam sua vida atual? Andréa foi uma paciente rebelde: iniciou e abandonou a terapia duas vezes, até conseguir ultrapassar os mecanismos de defesa e parar de se sabotar. Na vida atual, perdera o pai antes dos 3 anos, e sua mãe se casara pela segunda vez, e, embora seu padrasto agisse como um verdadeiro pai para ela, o fantasma do passado começou a ameaçá-la na adolescência. Do inconsciente vinham sensações estranhas, um medo indefinido de que "nem mesmo dentro de casa haveria segurança. O mundo era ameaçador. Ela não poderia confiar em ninguém". Ao conhecer o conteúdo inconsciente, Andréa começa a compreender que se trancar no quarto significava "não ter saída". Considerando as duas vidas anteriores, fugir de casa significava ser explorada e morrer; e ficar em casa, o perigo de o "padrasto" violentá-la.

Quando os traumas do passado foram revividos e elaborados, os sentimentos de ameaça e o medo indefinido desapareceram. Andréa se sentiu mais fortalecida e recuperou o bom relacionamento com a família e com a vida.

É preciso intensificar as pesquisas no terreno da psicologia transpessoal, que considera o corpo, a mente e o espírito de forma integrada, de maneira que as respostas para a cura da depressão e de outras doenças de fundo emocional sejam encontradas.

Além das psicoterapias, algumas técnicas ajudam a vencer a depressão, procurando preencher o vazio que se instala na alma de suas vítimas. Ocupar o tempo, sobretudo orientando os pensamentos na direção correta, é um caminho. Outras tentativas que valem são: a mudança de hábitos negativos, associada a exercícios físicos, às técnicas de meditação, ioga, e a caminhadas, jardinagem, culinária, dança, música ou qualquer forma de arte que direcione a mente para interesses construtivos.

Um bom começo é desenvolver, gradativamente, novas tendências, e descobrir habilidades e interesses. Para aqueles que acreditam que a vida não se resume ao mundo terreno, o acompanhamento espiritual é uma opção de excelentes resultados.

Sem dúvida, uma maneira de evitar os estados depressivos é respeitar os próprios sentimentos e aprender a lidar com eles. Processar as emoções e expressá-las sem se enganar. Acreditar que não adianta fugir dos medos nem das tristezas, pois a dor vai acompanhá-lo como uma sombra. Por isso, a cultura popular de alguns povos trata os sentimentos com sabedoria de mestre. Diante da tristeza, realizam rituais com o intuito de expressá-la, como o fazem os negros americanos, que costumam liberar suas tristezas e dores por meio do gospel e do blues. Os indígenas, por sua vez, realizam rituais para expressar os sentimentos da tribo: quando chega a temporada de caça, quando saem para guerras e quando festejam alguma vitória.

Devemos dançar e cantar quando há o que comemorar. Chorar e nos recolher, quando estivermos tristes — só assim o sentimento se esgotará, permitindo que uma nova fase se inicie. Fugir para os bares, beber, drogar-se ou, simplesmente, apresentar um sorriso impecável não evitará dissabores. Os sentimentos negados podem nos tomar de assalto, nocauteando o que temos de melhor. "Espantar a tristeza", como dizem algumas pessoas, é um meio de criar uma falsa imagem de nós mesmos: inatingíveis — ou frágeis e incapazes.

Distantes da própria realidade, fica difícil perceber e conhecer os caminhos tortuosos que muitas vezes tomamos, para fugir da dor. A tristeza é um sentimento que expressa as perdas vivenciadas, que, se disfarçadas, poderão explodir como um vulcão, comprometendo o equilíbrio emocional.

Para vencermos a depressão, temos de fortalecer a vontade, enfraquecida pela perda da energia mental que nos coloca em sintonia com outros espíritos igualmente desorientados, confusos e doentes. Resultado: um círculo vicioso — depressão e obsessão.

A essa altura você poderá estar acuado, se sentindo desprotegido diante da influência dos espíritos, sem nenhum poder de escolha. Aí é que está o engano. À medida que começamos a conhecer os sentimentos que circulam em nosso subconsciente, aprendemos, gradativamente, a lidar com eles. O que era assustador se desfaz em pequenos incômodos, e a vida aparece como uma bênção, uma oportunidade de melhorar a cada momento.

A prática da meditação é uma boa maneira de conhecer esses sentimentos. E o que é meditar?

Simplesmente se observar — os próprios pensamentos, sentimentos e ações. O último capítulo da Parte Dois, "Harmonizando o corpo com o espírito", apresenta um exercício com uma técnica bem simples de meditação. A mudança de hábitos negativos é importante no combate à depressão, e, para começar, questione os rótulos que você costuma se impor: "Não serei capaz de...", "Isso é bom demais, não é para mim", "Carrego um vazio dentro de mim" ou, ainda, o orgulho: "Esse emprego é muito pouco para mim", "Eu mereço muito mais que isso" — frases que, ditas de uma outra forma, poderiam ser positivas, mas quando servem somente para manter a imobilização, impedir a ação ou justificar o medo de enfrentar uma situação nova precisam ser reavaliadas. Quando comecei a acreditar nisso? Por que adotei esse pensamento? Ele corresponde à minha realidade? Realmente esse emprego é pouco para o momento que estou vivendo? Será que estou fugindo desse relacionamento porque estou me sentido por baixo?

O desenvolvimento da espiritualidade e a fé estão ganhando cada vez mais a atenção das pesquisas universitárias. Estudos da Universidade de Duke (EUA) concluíram que pessoas que desenvolvem a espiritualidade parecem suportar melhor as dores e as perdas, porque lidam mais tranqüilamente com a idéia da perda e da morte.

A espiritualidade não precisa ser desenvolvida por meio da prática de rituais religiosos, mas como postura filosófica para colocar em prática os princípios que ultrapassam a visão materialista. Considerando esse aspecto, a arte pode ser um poderoso instrumento de conexão com a realidade espiritual, porque o verdadeiro artista cria em sintonia com uma realidade mais ampla que a do mundo físico à sua volta.

Criar ou apreciar obras de arte, a partir das percepções captadas, com extrema sensibilidade, pelo artista pode ser um importante instrumento de ajuda contra a depressão. A beleza abre a mente, desvia o foco de atenção dos problemas pessoais, revela um mundo muito mais vasto e rico, aumentando as possibilidades do bem-estar. O tipo de prazer que a arte oferece por meio da literatura, dança, música, pintura, escultura, cinema e fotografia não tem medida. Tanto o criador como quem aprecia se beneficiam da arte, saindo da apatia e de seus infernos particulares para a grandeza de uma percepção mais sutil da realidade.

A arte ajuda a interagir mais intensamente com o mundo exterior, torna visível o que estava invisível e oferece a oportunidade de afinar os pensamentos com as altas freqüências. Não existe melhor vacina contra a depressão. Temos o direito de escolher, por atração, com o que iremos conviver para criar nossa realidade, e, nesse caso, a arte pode ser excelente companhia. Por que, então, estamos tão pouco habituados com ela?

13 Laços obsessivos

Procuro entender por que mais e mais jovens se entregam ao processo depressivo. Questiono o que isso tem a ver com a grande confusão de valores que vivemos hoje: as mudanças no padrão familiar, a falta de confiança no cumprimento das leis, o desprestígio das lideranças e o descrédito dos políticos. Esses jovens estão crescendo sem vislumbrar uma luz no fim do túnel. Tudo exala total falta de esperança.

Embora a crise de valores traga a possibilidade de um novo padrão mais adequado às nossas aspirações, é preciso tempo e paciência para a implantação de valores e soluções para tantos conflitos. As drogas se apresentam como a solução para aliviar as angústias e a depressão — "Dá prazer", "Alivia a tensão", "anestesia a dor", é o que costumamos ouvir.

Despertá-los para a causa de suas angústias e, conseqüentemente, para a auto-realização pode ser uma pista para lidar com os jovens que acreditam que as drogas vão preencher o vazio que os atormenta. Ajudá-los a resgatar o aconchego, a confiança e todos os sentimentos que o amor proporciona é a função do terapeuta.

A depressão caminha de mãos dadas com os processos obsessivos, porque os alimenta. A porta de comunicação com o mundo exterior está na freqüência dos pensamentos que emitimos, na energia radiante que se movimenta de acordo com a intenção que colocamos na sua criação. Os pensamentos sempre vão ao encontro de outros pensamentos, de mesma freqüência — esta é a lei de afinidade.

As pessoas costumam perguntar qual a melhor maneira de se protegerem de influências negativas. Minha resposta é sempre a mesma: respeitando as leis da física segundo as quais semelhante atrai semelhante. Isso porque nenhuma obsessão se instala sem a conivência da vítima; companhias encarnadas ou desencarnadas só se aproximam de nós com nossa permissão. Uma vez que o campo de energia que emana de nós por meio de nossos pensamentos e sentimentos forma uma vibração à nossa volta, é a qualidade dessa emissão que atrairá todos os que estiverem na mesma sintonia.

Seguindo a lógica, todo pensamento será repelido se não houver outro pensamento com campo vibracional que o acolha. Um exemplo bastante comum do que estou apresentando é Carina, uma jovem de 19 anos que abandonou os estudos e mergulhou nas drogas para anestesiar a dor que sentia desde a infância. Ao procurar a terapia, sua queixa estava direcionada aos pais: "Meus pais se separaram quando eu estava com 7 anos. Ele quase não aparecia para pegar minha irmã e a mim, muitas vezes ficávamos esperando por ele, que não aparecia nem telefonava. Minha mãe arranjou um namorado e passou a sair muito; às vezes, eles voltavam para casa falando mais alto do que de costume, bêbados e brigando muito. Eu e minha irmã ficávamos no quarto, com muito medo. Algumas vezes, podíamos ouvir quando eles tinham relações sexuais, e, no começo, eu sentia medo, pensando que ele estivesse batendo nela. Depois, minha irmã mais velha me explicou tudo."

O medo constante abalou a autoconfiança de Carina, afastando-a da vida social. Para criar uma falsa segurança e enfrentar o mundo, ela passou a usar drogas e a se refugiar com jovens que se sentiam como ela. Juntos, eles viviam a sensação de poder produzida pela euforia de algumas horas do efeito químico. Momentos de ilusão obtidos pelo uso da cocaína e do *ecstasy*, depois, a rebordosa: depressão e solidão.

Carina sabia que sua saúde estava cada vez mais comprometida, tinha consciência de que estava cometendo um suicídio lento — já começava a desenvolver alucinações provocadas pelas drogas. Como não tinha forças para mudar o padrão, reuniu coragem para procurar a terapia e mudar o rumo de sua vida. Observe seu relato: "Me acho feia e desinteressante. Não tenho coragem de enfrentar as pessoas — me acho inferior a elas. Só me sinto à vontade quando estou acompanhada de pessoas piores que eu; entre elas, me sinto valorizada. Comer e dormir são as coisas que posso fazer sozinha; assim, quando não estou nas festas *heavy*, me tranco em casa. Tenho medo de ser rejeitada, como minha mãe fazia ao me deixar em casa. Sei que a separação foi dura para ela, mas éramos muito pequenas e ela foi egoísta em nos deixar esperando por ela até a madrugada. Eu sempre achava que ela não voltaria."

O grau de consciência de seus sentimentos parece ser a porta de salvação para Carina. A cada regressão, sua compreensão crescia um pouco mais, até que, numa delas, ela alcançou uma grande expansão de consciência e percebeu a baixa freqüência em que se encontravam seus pensamentos. À sua volta, desencarnados que se agarravam uns aos outros como náufragos, tentando tirar do outro a energia que lhes faltava. O mais importante de sua experiência foi perceber que, apesar de estar encarnada, ela se mantinha afinada, por meio do pensamento, com esses seres desencarnados pelo simples fato de estar em sintonia com suas angústias e depressão: "Vejo a meu lado outros jovens, seres desencarnados e deformados pelo uso do álcool e de outras drogas. Observo como eles influenciam a mente das pessoas encarnadas. Mesmo quando estão distantes, eles se divertem dando-lhes ordens mentais para que elas façam o que eles querem. O mais absurdo é que as pessoas obedecem."

Para explicar como isso acontece, Carina relata que eles sabem identificar quem está com a vontade enfraquecida por ressentimentos, medos e culpas. Nessas condições, as pessoas se tornam receptivas, alvo fácil a qualquer influência externa, por confundi-la com seus próprios pensamentos e vontade.

Essa assustadora experiência foi o estímulo que Carina precisava para lutar contra a depressão e os ressentimentos que a aprisionavam no círculo vicioso das drogas.

Mais do que se pensa, a influência de desencarnados e encarnados em nossa vida cotidiana é um fato. Longe de ser ruim, essa comunicação pode ser favorável, porque revela a qualidade da freqüência média de nossos pensamentos. O esforço para entrar em sintonia sutil e elevada nos levará a receber, sob a forma de intuição, ondas evoluídas emitidas por seres de luz. Essa é a melhor forma de construir uma vida mais criativa e feliz.

O campo energético que uma pessoa gera como resultado de suas emoções e pensamentos vai determinar os tipos de pessoas encarnadas ou desencarnadas que estarão no seu círculo de convivência. É importante saber que somos os únicos responsáveis pelo tipo de influência que atraímos, mesmo sem o conhecimento disso, e que a saúde mental está para o campo energético assim como o sistema imunológico está para o corpo físico.

O combate aos processos depressivos e obsessivos exige força de vontade, e, dependendo da crença, a terapia poderá se utilizar também do tratamento espiritual. Os pacientes que apresentarem um quadro obsessivo poderão ser encaminhados para centros espíritas, ainda que manifestem apenas um processo de auto-obsessão, a primeira etapa para maléficas influências externas.

A iniciativa de sair do estado depressivo e de abandonar as drogas precisa partir do próprio paciente. Palavras de incentivo do tipo "reaja" ou "anime-se" não surtem efeito quando a pessoa até "quer" mas não consegue reunir a energia de que necessita para fazer valer sua vontade.

É importante, então, remover o que torna a pessoa incapaz de mobilizar suas energias e transformar as situações que a incomodam. Em alguns casos, um bom começo é um ombro amigo, uma palavra, um gesto ou apenas um olhar. Compreendi isso, como terapeuta. É possível tocar profundamente uma pessoa com gestos simples. Em minha experiência clínica, muitas vezes, o melhor que fiz foi abandonar as regras, deixando meu olhar carregado de compaixão banhar o paciente. Bem diferente de sentir pena, a compaixão não nos identifica com o problema, mas com a condição humana. Quando seguido de um sorriso encorajador, o olhar compassivo pode ser uma referência positiva, uma luz na escuridão em que o paciente se encontra.

A pessoa em depressão precisa ter os sentidos estimulados. Ela tem de ser impelida para a vida que pulsa à sua volta, para os prazeres simples que podem ser encontrados no vento suave que envolve o entardecer, no farfalhar das folhas do outono, nas refeições compartilhadas com os entes queridos e no coração disparado devido ao reencontro inesperado.

O terapeuta deverá mesclar sua mente analítica com o coração generoso que embala silenciosamente o paciente. O calor humano protege e conforta. A ajuda tem de ser acompanhada de estímulos, para que o paciente possa espiar embaixo do tapete de sua alma, abrir as gavetas de sua memória e entrar em contato com a criança que ele foi um dia.

Pouco a pouco, ao compreender a responsabilidade que lhe cabe na doença, o paciente vai se afastando das personalidades frustradas que procuram diminuir sua auto-estima. É assim que algumas pessoas fazem, quando se sentem pequenas: tentam diminuir os que estão à sua volta. Pessoas infelizes estão sempre em busca de mais companhias para seu infortúnio, atraindo que se aproxima para seu padrão negativo de sentimento.

É preciso boa dose de coragem para nos livrarmos de companhias que nos impedem de realizar de nossos sonhos. Muitas vezes, o medo e a insegurança nos afastam daqueles que estão prosperando, trabalhando para alcançar suas metas e construindo uma vida melhor.

Para mudar é preciso considerar que o aprendizado humano se dá por meio da repetição, até que um hábito se instale — aprender a andar, a falar, a andar de bicicleta e a escrever se faz pela força do hábito. Da mesma forma, será necessário, repetidas vezes, substituir pensamentos negativos por outros, positivos, até que novos hábitos e um novo padrão passem a vigorar.

Por meio do mapeamento de nossas emoções nos tornamos conscientes do que acontece nos bastidores da mente. As escolhas se tornam mais sensatas, menos destrutivas, e, com competência, poderemos decidir quais atitudes, hábitos, objetos e situações deverão fazer parte ou não da nossa vida, onde e em quem investiremos nosso tempo e atenção.

14 Pais e filhos

ALGUMAS PENDÊNCIAS EMOCIONAIS DE VIDAS PASSADAS estão reunidas no núcleo familiar. Dessa forma, os fortes laços afetivos que unem pais, filhos e irmãos facilitam o entendimento entre antigos adversários.

Conhecer os laços do passado que unem pais e filhos na vida atual pode ajudar a superar conflitos que os mantêm no mesmo padrão do passado, impedindo a possibilidade de uma vida feliz. Quanto menos se conhecerem os pontos fracos que trazemos de vidas anteriores maior será a chance de cairmos nas armadilhas do passado.

Os medos e as culpas que trazemos do passado são projetados no relacionamento com os filhos, criando padrões de comportamento que tentam mantê-los aprisionados ao núcleo familiar ou negligenciam a proteção necessária. Tanto um padrão quanto o outro refletem dificuldades a serem resolvidas. Por exemplo, mães que temem pela segurança dos filhos e, por isso, vivem afirmando que não é seguro eles viajarem sem a companhia delas. Elas não precisam tocar diretamente no assunto — basta que alguns comentários e frases com esse tipo de afirmação sejam repetidos sistematicamente e, bumba!, eles caem na armadilha. As mães repetem a afirmação de perigo tantas vezes que os filhos acabam com medo de viajar. Dessa forma, elas os mantêm a seu lado.

Muitos pais abusam da autoridade para oprimir os filhos e mantê-los sob seu jugo, impedindo-os de pensar e apresentando-lhes fórmulas prontas que deverão ser seguidas sem nenhuma ponderação. Não levam em conta que as regras de educação e ética precisam ser compreendidas para que possam ser seguidas com convicção. Esse tipo de comportamento não ajuda os filhos a pensar, não os estimula ao exercício da reflexão. Eles crescem sem saber os porquês, sem base para uma conduta adequada na vida.

Há também aqueles pais que se atrapalham com a difícil tarefa de definir valores próprios diante da influência negativa da mídia e optam por seguir um manual que seja confortável para eles.

Como proteger os filhos dos perigos sem se sentir repressor e desatualizado?

A obediência deve existir por medo ou pela aceitação e compreensão das vantagens das regras de educação?

Constantemente me encontro diante de pais aflitos que não sabem o que fazer com a TV, com os jogos eletrônicos, com os computadores em rede aberta para o mundo, com toda a vasta tecnologia que poderia ser instrumento valioso de informação e educação. Mal direcionada, entretanto, ela pode ser mesmo uma fonte de manipulação das mentes jovens.

Sem dúvida, nosso cotidiano foi invadido por uma programação criada, na maioria das vezes, com o objetivo de hipnotizar e manipular corações e mentes — uma realidade incontestável quando observamos a péssima qualidade das programações com o conteúdo voltado para guerras, mutilações humanas e sexualidade associada a violência, perversão e uso do poder. Uma vez que na infância o contato com a realidade deve ser feito de forma gradativa, para não ferir o universo emocional e mental da criança, examinar a programação eletrônica que penetra em nossas casas é responsabilidade total dos pais. O que se vê, no entanto, são pais atordoados, que não sabem o que fazer e, mais ainda, que não sabem o que pensar, enquanto seus filhos recebem informações inadequadas e são influenciados por mitos equivocados. Bin Laden passou a ser ídolo de crianças de 8 a 12 anos de idade que, levadas pelos jogos eletrônicos que o colocam como modelo para as disputas infantis, vibram com a possibilidade de destruição, avaliam o alto nível das jogadas, arrancam cabeças, mutilam corpos eletrônicos e explodem aviões.

O que pensam seus pais sobre isso? Que informações essas crianças recebem para compreender o mundo cão em que estão vivendo? Como estarão esses jovens daqui a dez anos, crescendo sem poesia, sem ética e valorizando apenas a força física e a capacidade de opressão e destruição?

Não temos ainda estudos suficientes a respeito dos efeitos do elevado grau de violência e sexualização dos programas de TV e dos jogos eletrônicos sobre a futura geração de adultos.

Jamais poderemos avaliar o grau de reatividade desses programas sobre a mente infantil, ao estimularem a agressividade e a sexualidade precoce, sem falar na possibilidade de eles despertarem traumas de outras vidas. Nesses casos, as fortes emoções experimentadas durante as várias horas passadas diante do lazer eletrônico poderiam estimular memórias inconscientes de graves patologias nem sempre passíveis de serem corrigidas.

Vamos imaginar uma criança que tivesse vivido numa vida anterior a experiência de abuso sexual seguido de morte. Esse trauma permaneceria adormecido em sua memória inconsciente. Com o hábito constante dos jogos de videogame repletos de imagens de sexo e com forte conteúdo de violência, cresceria o risco de essa memória ser despertada. Qual seria o resultado disso sobre o comportamento da criança?

O fato de muitos pais e mães se encontrarem perdidos diante de questões essenciais à formação de seus filhos reflete a confusão de valores que a família atual vive com a mudança nos papéis convencionais. É preciso reavaliar como estamos conduzindo a educação e a saúde física e mental de nossos filhos. O bom senso nos leva a refletir sobre essa questão. Na falta de uma programação criteriosa, classificada por faixa etária, e de outros critérios educativos, cabe aos pais a responsabilidade de selecionar o conteúdo e impedir que uma produção inadequada invada sua casa.

Se esperamos uma sociedade mais justa e harmoniosa, precisamos adotar critérios coerentes com o respeito à vida.

Permitir que crianças sejam moldadas por padrões de violência, agressividade e desrespeito às diferenças não parece uma medida adequada. A intenção de mudar os padrões que produzem desarmonia e sofrimento passa por evitar alguns outros que fazem parte da dinâmica familiar herdada de nossos pais. Há crenças que são extremamente benéficas e, outras, que devem ser abandonadas pelo caminho. Pela observação, adotamos o comportamento deles, o modo como agiam diante das dificuldades. Alguns pais acreditam que é preciso gritar para conseguir o que desejam; outros consideram ser mais prático fugir das responsabilidades ou, ainda, colocar-se na posição de vítima. Qualquer que seja o modelo adotado, os filhos costumam acreditar que seguir o comportamento dos pais é a melhor maneira de enfrentar as dificuldades.

Os padrões negativos podem passar de pais para filhos, como as tendências genéticas. Quando os pais acreditam que suas crenças pessoais servem como uma luva para os filhos, muitos equívocos familiares atravessam gerações. Observe o caso de Arnaldo: ele trabalhava como contador, e toda vez que surgia uma oportunidade de ascender profissionalmente, a gastrite o acometia. Arnaldo criava situações para agir contra si mesmo, e tudo voltava à estaca zero.

Certa vez, quando estava para montar um escritório de contabilidade em sociedade com um amigo, deixou-se convencer e emprestou o dinheiro de sua parte na sociedade para um outro amigo, que só vivia endividado. Novamente, adiara seu sonho, acreditando tê-lo feito por amizade. Arnaldo tinha gravado em seu subconsciente que só estaria seguro se vivesse sem riscos — um padrão herdado dos pais. Assim, sempre que ele ousava ultrapassar essa crença familiar, criava, inconscientemente, uma situação de sabotagem que o impedia de ir adiante.

Quebrar padrões não é coisa fácil. Leva algum tempo para que um novo hábito seja implantado. As gerações das décadas de 1960 e de 1970 quebraram padrões estabelecidos e trouxeram novos valores para as gerações seguintes: a pílula, a luta pelos direitos da mulher e muitas outras conquistas. Mas essa revolução dos costumes trouxe também alguma confusão, com muita coisa sendo depurada, até que o equilíbrio pudesse ser atingido. Homens experimentando papéis que antes eram apenas reservados às mulheres, cuidando dos filhos e dividindo tarefas domésticas. Mulheres, por sua vez, saindo para o mercado de trabalho com a mesma garra dos homens, disputando salário e espaço profissional. Muitos excessos ainda serão cometidos nessa experimentação, mas acredito que o bom senso ajudará a encontrar o ponto de equilíbrio entre os papéis. A revolução dos costumes, como toda crise, apresentou oportunidades, mas também trouxe prejuízos que, com o tempo, poderão ser sanados, desde que se mantenha em vigor alguns pontos do padrão anterior e se abra mão de outros.

No consultório e fora dele pude acompanhar vários filhos da geração da década de 1970, e encontrei muitos que souberam aproveitar a enorme abertura que ela estabeleceu para as gerações futuras, construindo um caminho de liberdade. Entretanto, a maioria dos filhos daquela geração sofreu com a crise de transição dos valores estabelecidos.

A pílula anticoncepcional e a liberação das mulheres interferiram no padrão cultural e social, provocando mudanças comportamentais e, com elas, certa confusão de valores. A luta por igualdade de direitos e liberdade sexual levou alguns casais a encontrar na separação a solução imediata para suas frustrações. Foi uma fase de euforia. Agora é tempo de reflexão e reformulação, para o aprimoramento das vitórias conquistadas.

Liberdade exige responsabilidade. Muitos pais criaram seus filhos a partir da reação extrema aos costumes anteriores, partindo para o oposto — a falta de limites —, acompanhando-os, por exemplo, nos "baratos" entre um baseado e outro, como se fossem colegas de turma. Reagiram como adolescentes às regras de conduta social e ética, abolindo normas sem limites. Os filhos cresceram sem comer legumes; modos à mesa, nem pensar; e a educação passou a representar "pura repressão", "coisa de careta". Dessa forma, uma geração foi formada sob a lei do "vale tudo". Uns seguiram os pais, e caíram nas drogas de forma ainda mais pesada, na tentativa de superá-los. Outros, como é comum, negaram o modelo familiar, mergulhando fundo na busca da segurança material; em vez de batas indianas, optaram pelo terno e gravata, *tailleur* e *escarpin*, sempre da melhor etiqueta.

Ana é um exemplo típico: viveu intensamente o movimento *hippie*. Segundo ela, havia se separado do marido "careta" para viver intensamente sua liberdade. Passou um ano entre o Paquistão e Londres, e para realizar esse sonho deixou os dois filhos pequenos com a mãe. Trinta anos depois, me procurou porque precisava de ajuda. Olhando a própria trajetória, Ana compreendeu que as escolhas que fizera no passado estavam se refletindo ainda hoje, na forma como seus filhos se comportavam e no relacionamento entre eles. E o resultado não era nada bom.

O rapaz, com 31 anos, vivia de forma irresponsável, levava uma vida desregrada, era viciado em drogas e traficava para sustentar o vício. Com a cumplicidade da mulher com quem vivia, colocava em risco o filho de 8 meses, carregando, em suas fraldas, drogas para fora do país. Sua filha estava com 29 anos e havia pendido para o outro lado da balança. Tornara-se uma executiva obcecada pelo sucesso, fria, distante e muito agressiva no relacionamento com Ana.

Esse padrão fazia com que ela se sentisse aprisionada aos filhos. O desafeto da filha e as exigências do filho demandavam atenção e cuidados constantes, assim como a dependência química do rapaz e os permanentes tratamentos para ajudá-lo a abandonar as drogas e a se tornar um adulto responsável.

Ana não conseguia entender como deixara tudo chegar a esse ponto. É claro que ela não era responsável pelas escolhas dos filhos. Mas, com a terapia, ficou claro também que havia uma enorme parte de responsabilidade — como mãe e educadora. Na época em que eles eram crianças, ela estava embriagada pela busca da liberdade; mais tarde, de volta ao Brasil, tornara-se uma famosa decoradora de ambientes, e o sucesso profissional passou a ocupar o primeiro plano. Sentindo-se sobrecarregada com a dupla jornada de trabalho e administração da casa e dos dois filhos pequenos, optou por deixar de lado o papel de mãe. Mais uma vez, assumiu uma posição radical, colocando o trabalho e a vida social intensa, que lhe era exigida, acima do bem-estar das crianças.

Na época, ela não admitia a importância de sua presença no acompanhamento do estudo dos filhos e considerava que a babá, de elevado custo, poderia substituí-la. Queria liberdade para estar à altura da expectativa do sucesso profissional. Por outro lado, a forma como fora educada provocava uma cobrança interior para que ela correspondesse ao modelo de perfeição que era exigido. Para se sentir de acordo com o padrão da "mãe perfeita", justificava-se com pretextos: "Afinal, eles precisam ser independentes. Eu faço da melhor forma; trabalho muito e tenho direito de me divertir. Eles estão bem quando vão para a casa do pai ou quando ficam em casa com a babá." Assim, desculpava-se do sentimento desconfortável que sentia.

Ana tinha necessidade de viver sua liberdade, e como não queria ceder em nada, inventou um padrão para educar os filhos que correspondia às suas necessidades.

Somente quando cada filho começou a demonstrar os efeitos dessa conduta ela percebeu que algo não andava bem. Depois de muitos dissabores, resolveu admitir a possibilidade de ter uma parcela de responsabilidade nos fatos. E, dessa forma, surgiu a chance de mudar um pouco. Finalmente, Ana pôde compreender que tudo o que fazemos gera conseqüência, entendendo que cada filho reagiu a seu modo à maneira como ela conduziu a vida deles na infância.

Foi uma dura lição. Somente quando conseguiu aceitar as conseqüências de seus atos passados pôde mudar seu padrão de comportamento, compreendendo as escolhas da filha, e sua busca; afinal, ela também cometera graves erros no passado e, agora, apesar da dor, estava tendo a oportunidade de mudar sua vida.

Mudar a atitude com o filho foi a melhor maneira que Ana encontrou de ajudá-lo. Impôs limites, deixando-o responder pelos próprios erros. Decisão difícil, que foi tomada quando ela percebeu que não haveria outra saída para ele. Protegê-lo de seus próprios atos em nada o ajudaria — mudar o padrão de tratamento para com ele era a única chance de ele amadurecer.

Mariana é outra paciente que apresenta o tipo de comportamento comum dessa geração. Separada e com dois filhos, criou-os sem auxílio do ex-marido, um dependente químico incapaz de cumprir com os compromissos paternos. Como estava em seu segundo casamento, não permitiu a participação do marido na questão educacional, mantendo, assim, três núcleos familiares: ela e o ex-marido, ela e os filhos e ela e o segundo marido. Um comportamento inconsciente para se manter no controle da situação.

O resultado foi péssimo. Sem o apoio e a atuação tanto do pai quanto do padrasto, os dois filhos cresceram despreparados para enfrentar o mundo fora do círculo familiar. Qualquer problema era sempre resolvido pela mãe, por isso, apesar de formados, não conseguiam manter-se no emprego, porque não estavam preparados para resolver, sozinhos, nenhum tipo de dificuldade.

Com a terapia, Mariana começou a compreender o elo perverso que a aprisionava àquele padrão. Por que não permitiu que o atual marido ocupasse um papel ativo na educação de seus dois filhos? Pelo mesmo motivo que escolheu o primeiro marido: omisso e dependente. O que ela temia perder? O controle da família. Por quê? Medo da figura masculina, que poderia tirar sua liberdade.

Essas respostas ela obteve quando compreendeu a relação que tivera com o pai: "Ele não tinha nenhuma autoridade em casa e minha mãe era totalmente permissiva. Eu podia tudo. Assim, acho que escolhi meu primeiro marido porque era como meu pai — eu não sentia medo de que ele tolhesse minha liberdade. Com o segundo marido, mais firme, consegui impedir que ele ocupasse mais espaço, deixando-o fora do relacionamento com meus filhos, mas acabei sobrecarregada com o excesso de responsabilidades. Hoje, posso perceber que eles sentem falta de uma figura masculina que lhes imponha limites, e, como não encontram, jogam a raiva sobre mim."

Mariana refletiu sobre esse padrão e, ao compreender sua engrenagem, pôde avaliar os espaços ocupados pelo casal. Com esforço, reduziu seu novo papel, permitindo que o marido passasse a dividir com ela a responsabilidade pelos filhos. Todos lucraram.

Como Mariana, muitos pais, perplexos, procuram respostas na terapia, conscientes de que, assim como os filhos, eles possuem sua parcela de responsabilidade nos problemas familiares. André vivia à beira de um ataque de nervos. Os dois filhos estavam sempre apresentando multas por infração de trânsito — por falarem ao celular, estacionarem onde não era permitido —, e ainda dormiam tarde, faltavam às aulas na faculdade, entre muitos outros transtornos.

Os pais começaram a se desentender. Um vivia responsabilizando o outro pelos problemas, cada qual fugindo da parte que lhe cabia, até que, cansados desse jogo sem solução, André percebeu que a causa estava na indisciplina. Tanto ele quanto a esposa viviam censurando as regras sociais em nome de uma liberdade sem limites. Dirigiam acima do limite de trânsito, fumavam onde não era permitido e sempre achavam um jeitinho de furar a fila do cinema. Ela gastava quase tudo o que ganhava como advogada entupindo o armário de roupas e sapatos, e depois tinha de correr para cobrir a falta de fundos dos cheques.

Ele resmungava diariamente e destilava mau humor por conta de ter de acordar cedo para trabalhar. Não haviam desenvolvido entre si nem a cordialidade nem a solidariedade, o lema era "Cada um por si".

Não sei se eles conseguiram implantar novas regras na família, mas André estava decidido a modificar seu conceito e prática de liberdade, convencido de que os hábitos e as crenças do casal haviam sido os moldes para formar a família. Como poderiam querer que os filhos fossem diferentes, com a educação que lhes deram? Para ajudá-los a melhorar, teriam de começar mudando a si próprios.

Outro exemplo de modelo familiar que continua se repetindo na vida adulta é Raul. Ele mantinha desde jovem o mesmo padrão de comportamento: pulava de um namoro para outro sem permanecer mais do que cinco meses num relacionamento. Toda vez que a namorada apresentava vontade própria, que contrariasse a dele, ela criava um abismo entre os dois. Como era atualizado, bem-informado e tudo mais, aceitava que, ao se casarem, a esposa poderia exercer uma profissão, desde que sempre estivesse em casa para esperá-lo na volta do trabalho.

Para Raul, foi difícil perceber que sua segurança se apoiava no padrão de seus pais, no mesmo modelo idealizado por eles. Aos poucos, pôde perceber que o que servia para seus pais não serviria obrigatoriamente para ele. Começou a questionar o que deveria adotar do padrão familiar e o que seria preciso abandonar. Para realizar esse processo, foi preciso conhecer a fundo seus reais desejos e construir um novo padrão, mais adequado à sua vida.

15 A vida é um jogo

As REGRAS SÃO SIMPLES, DESDE QUE TENHAMOS CONHECImento delas. Aí é que surge o problema: nascemos e crescemos aprendendo tudo, menos a viver bem. Embora se fale muito em regras do bem viver, elas quase não aparecem na prática do dia-a-dia. O currículo escolar apresenta apenas matérias objetivas e algumas tentativas ainda incipientes de ajudar a criança a entender o mundo em que vive. Não me lembro de ter encontrado professores que falassem sobre como lidar com as emoções. E você?

Expressões de raiva, medo ou tristeza geralmente são reprimidas com censuras que levam a maioria das pessoas a negar esses sentimentos — quando o objetivo deveria ser adequá-los a expressões mais civilizadas. Crescemos desconhecendo as regras básicas da comunicação e do respeito ao que se passa em nosso mundo interior. Quanto mais distantes dele, imaginamos que seremos mais bem aceitos — quase sempre seguindo um padrão que determina, de forma indireta, a disputa para nos encaixar no "mais forte", "mais inteligente", "mais bonita", "melhor esportista", "o vencedor".

Nesses critérios, nenhum padrão diferente é considerado, e a inteligência emocional, a sensibilidade, a percepção humanista e a criatividade costumam ser vistas como exceção, sob o olhar de desconfiança.

Como, então, sobrevivem aqueles que não se encaixam num modelo que exclui todas as outras formas de sucesso que não sejam as do mercado?

Como sobrevivem aqueles que foram levados a acreditar na infância que apenas os vencedores nesse padrão determinado poderiam ser felizes?

Essas e outras questões devem ser observadas com atenção, porque o que se encontra a todo o momento são pessoas levando a vida de acordo com as exigências externas, sem jamais olhar para suas reais necessidades. A vida é um jogo, mas quem não leva em conta o risco de perder acaba se tornando insuportável. Sem jogo de cintura para enfrentar as derrotas, essas pessoas acabam abandonando o jogo, deixando de fora qualquer chance de vitória. Não aprendemos a levar em conta que é possível o aprendizado com prazer, e que a vitória existe como uma etapa desse aprendizado.

A noção de liberdade que conhecemos não costuma revelar a importância da maior liberdade de todas: a de desenhar a própria vida, sentindo a profunda felicidade de ser co-autor do roteiro de sua própria existência. Não traz, ainda, a noção de que o sofrimento faz parte desse roteiro, e que qualquer tentativa de excluí-lo não será bem-sucedida. Compreender isso proporciona alto nível de consciência, algo indispensável a uma vida bem-sucedida. Sobretudo se estiver presente o conceito de que cada um traz em si possibilidades que só serão desenvolvidas e dificuldades que só serão superadas se houver aceitação de que não somos perfeitos — esse é o ponto de partida.

Construímos valores que negam o aspecto tão prazeroso do aprender com os próprios erros, levando em conta "O que os outros vão pensar de mim", e desperdiçando, assim, a maior parte da vida na busca de agradar para ser reconhecido. O sentido se perde, e, mais tarde, um enorme vazio se instala.

Participar do jogo da vida é ter a oportunidade de mudar, de fazer novas jogadas, de participar como co-autores do nosso roteiro e de deixar de lado velhos jogos que não despertam mais interesse.

Nada melhor que decidir quais valores continuarão sendo utilizados e quais estão com o prazo de validade vencido e, portanto, devem ser abandonados — parte da faxina mental que começa com a reavaliação dos próprios sentimentos e metas. Uma reflexão mais demorada leva a descobrir o que pretendemos realizar nesta vida, quais os papéis importantes que estão sendo representados e se vale a pena continuar a representá-los.

Um papel muito interpretado é o da esposa desvalida que se sujeita a toda sorte de anulações para se sentir amada. Há também os papéis do marido provedor que acredita ser o único responsável pela sobrevivência da família, conforme lhe impuseram um dia; do jovem que encontra nas drogas a fuga de seus medos e do empregado que se vale da situação de oprimido para lucrar com a compaixão dos outros.

Jogo interessante é o que consiste em descobrir qual é o papel que está sendo mais representado em sua vida, a repetição de um padrão, a tentativa de se ajustar a medidas amplas ou restritas demais para as suas necessidades, esquecendo-se de conhecer o que se passa na própria intimidade.

Existem jogos construtivos e outros que levam ao desespero, à angústia e à solidão. Não custa nada conferir alguns deles, para decidir se vale a pena continuar jogando. O apego dá a ilusão de que se manipularmos os outros nunca seremos abandonados, e tanto no jogo familiar quanto no amoroso encontramos toda sorte de trapaças para manter a parceria intacta — mentir, pressionar, iludir, culpar, blefar e invalidar. Só não acontecem demonstrações reais dos sentimentos. A arte de manipular pode continuar mesmo após a separação do casal ou quando os filhos já moram fora de casa. Em ambos os casos, a distância pouco interfere no jogo.

Observe o caso de Alberto, 32 anos, casado, que possui uma filha de 2 anos. Apesar de ser um empresário bem-sucedido, sua vida conjugal foi afetada pela forte interferência da mãe. Para ela, a vida de Alberto era domínio seu. Dessa forma, mantinha-o sob controle por meio das intermináveis doenças que iam e vinham e exigiam a constante presença do filho para protegê-la. A culpa que ela estimulava nele era tão forte que Alberto acreditava que para ser um "bom filho" teria de atender aos infindáveis caprichos de sua "pobre mãe doente". Foram necessárias muitas sessões de terapia para libertar Alberto do padrão de culpa. No final, salvaram-se todos: ele encontrou uma maneira mais justa de se relacionar com a mãe, que por sua vez, depois de muito reclamar e dramatizar, acabou deixando de lado as artimanhas para prendê-lo e passou a prestar mais atenção ao marido. Quanto à esposa de Alberto, ela deixou de lado a idéia de separação, porque ele se tornou mais afetuoso e companheiro.

Quando os filhos crescem e saem de casa para se casar ou iniciar a vida por conta própria, é natural que os pais se sintam aspirados pelo túnel do tempo, no ritmo do samba-canção "Meu mundo caiu". Surge a ambigüidade de sentimentos: a alegria de ver o filho cheio de sonhos, dando os primeiros passos em sua independência e maturidade, e o sentimento de perda, que poderá levar alguns pais a desejar que esse momento seja adiado. Vai depender do nível de consciência e de informação evitar que o medo da mudança, a sensação de abandono e o apego atuem descontroladamente, provocando estragos no relacionamento entre pais e filhos.

Dar vazão ao medo imaginário e tentar cercear a vida dos filhos ou abrir mão de sua tutela, em nome da felicidade? Opções dolorosas, cheias de contradição, em que a cabeça sabe o que fazer, mas o estômago, aos saltos, tenta sair pela boca. Nessas horas, o melhor é estabelecer uma conversa amistosa com os diversos sentimentos que insistem em se sobrepor, e não se esquecer do bom senso.

A caminhada evolutiva é feita de saltos e de erros, de ensaios que permitem mudanças e aprendizado.

Como viver melhor? É uma pergunta que deve ir e vir sempre que as coisas começarem a se complicar nos relacionamentos.

Aprender esse difícil jogo exige criação em grande estilo. Parar de jogar não é a solução; sair fora, também não. Uma vez que reencarnamos, entramos na maratona, e mesmo que alguns prefiram parar no meio do caminho para "fingir-se de mortos", essa é a pior escolha. O jogo continua, independentemente da nossa escolha — dá para fugir da partida, mas não dos resultados.

Desde o tempo das cavernas viemos construindo o mundo a partir de nossos atos, e essa trajetória, desde a fase primária de criação humana, interferiu gradativamente no mundo que nos recebeu. A mão humana agiu com base na violência, desrespeitando a natureza paradisíaca que encontrou. Em vez de compartilhar, colocou-se avessa à integração, como um corpo estranho ao ambiente.

Penso sobre isso quando ouço pessoas reclamando da falta de sentido das guerras, da miséria e do sofrimento criado por Deus. A meu ver, tudo não passa de uma grande confusão. Deus é símbolo de Amor, e o que vemos à nossa volta é fruto do desencontro, do desamor, de criações desatinadas da mente humana, que desconhece as leis da harmonia. Deus nos presenteou com os quatro elementos da natureza e um paraíso terreno, para que aqui aprendêssemos a construir a partir da lei do Amor, abandonando o sofrimento e a doença que até hoje ainda imperam entre nós.

Recebemos um corpo para habitar num planeta lindo e perfeito, para desenvolver novas capacidades, usando o poder de criação para avançar além do que conhecemos. Mas, se por um lado é inegável que evoluímos em várias áreas, por outro ainda nos debatemos com questões primitivas e divinas, buscando nosso eixo a partir da dualidade: Bem e Mal, buscando integração.

Estamos aqui, aprisionados às quatro dimensões e à lei de gravidade, para não provocarmos grandes estragos ao equilíbrio universal. Nossa imaturidade produz criações — muitas delas que colocam em risco a segurança e a vida no planeta — como crianças que, no jardim de infância, desenvolvem a expressão individual por meio do desenho, da pintura, da modelagem e de outras formas criativas, usando massinha, tinta, papel, lápis de cor e tesourinha. Como tais crianças, nos esforçamos também para desenhar casas, pontes, edifícios, para modelar monstros ou figuras angelicais. Da mesma forma que outras crianças, podemos preferir fazer bolinhas com a massa de modelagem e atirá-las sobre os colegas; temos o livre-arbítrio de fazer escolhas e dominar o processo criativo. Manipulamos as energias para criar beleza e harmonia, ou formas destrutivas de criação.

Como você acha que está lidando com sua criatividade? Como vem construindo seu cotidiano? Está desenvolvendo a capacidade de construir seu mundo a partir do modelo divino?

Por conta dessa imaturidade espiritual nossa reencarnação está sob a supervisão dos seres mais evoluídos, que nos orientam no aprendizado de criação no mundo material. Podemos avaliar o nível em que nos encontramos ao observar as imagens dos noticiários — política, saúde, educação,

—, a maneira como nos tratamos, nossos semelhantes e de meio ambiente como comemos, bebemos, respiramos... Elas refletem o mundo construído a partir de nossas idéias.

Para evoluir, é preciso não se conformar com modelos cristalizados, não se apegar a este ou àquele padrão que provoque sofrimento e dor.

Uma mulher me procurou no consultório buscando entender o incrível jogo dos relacionamentos. Na década de 1980, ela havia levantado a bandeira dos direitos da mulher, do amor livre e do aborto como solução para uma gravidez indesejada. Passaram-se 25 anos e sua filha decide se casar com todo o ritual de velas, igreja, flores e grinalda. Ela se coloca como sua adversária ideológica: não consegue admitir que a filha tenha um ponto de vista diferente do seu — nem mesmo ela, que lutou pelos direitos da mulher, dos negros, dos índios e de qualquer minoria social.

Esse é um exemplo típico de alguém que vê a vida por uma única ótica — a própria. Não consegue admitir que a realidade possa ser vista de vários ângulos, e que o que ela considera liberdade e felicidade pode não servir para sua filha.

Cada pessoa tem um roteiro a cumprir, e se desviarmos alguém de sua rota, estaremos interferindo em sua evolução natural. O que serve para uns nem sempre é adequado para outros. Cada geração retrocede um pouco com relação aos avanços da geração que a antecedeu — isso ajuda a reencontrar o equilíbrio em meio aos excessos da geração anterior.

Uma consciência pode estar avançada em alguns aspectos e necessitar, em outros, vivenciar situações que pareçam primárias aos olhos de terceiros. Por isso, não funciona pensar que o modelo que escolhemos é o melhor e o mais avançado.

É interessante observar, pela regressão, que os defeitos e as qualidades de nossos pais fazem parte de nossa memória, algumas vezes influenciando nossas ações. Podemos e devemos mudar o que estiver inadequado, sem que isso signifique destruir os alicerces da herança familiar. O primeiro passo é aceitar os defeitos dos pais, pois negá-los é o mesmo que jogar fora o bebê juntamente com a água da bacia.

Aqui e ali, percebo atitudes que herdei de meus pais e que eles, provavelmente, herdaram de seus ancestrais. Quando posso, me liberto do que não me serve, num exercício de auto-aprimoramento constante, procurando conservar as heranças que me fazem bem. Da minha mãe herdei a vitalidade e a habilidade para fazer uma infinidade de coisas, como bonecos em papel machê para as peças infantis que ela mesma encenava na escolinha que dirigia com a irmã. Ela fazia o que gostava, e suas habilidades não terminavam aí: possuía uma energia infindável para o trabalho doméstico e o cultivo das plantas.

Da mesma forma, herdei também do meu pai o amor pela jardinagem e a habilidade de criar eventos simples e lúdicos. Por sua vez, ele impregnou os primeiros anos de minha vida com muita alegria e vontade de viver. É incrível: mesmo depois que a insuficiência cardíaca foi levando, pouco a pouco, seu entusiasmo, a imagem que vem, quando me lembro dele, é a de sua figura no esplendor das manhãs de domingo: o chapéu panamá, as bermudas e as mãos que faziam brotar qualquer semente que plantassem.

Sem dúvida, as boas memórias servem para equilibrar o rol de perdas que a vida apresenta, e jogar o jogo da vida tem como regra básica aceitar o sofrimento indispensável, procurar a melhor forma de atravessar as dores e encontrar a saída, para continuar sempre em frente, sem perder o gosto e a esperança.

Quando aceitamos a realidade e usamos o poder da criação para transformar nosso olhar lançado à realidade, tornamo-nos, sem exceção, maravilhosamente humanos e fortes.

16 Encontros e desencontros

"Foi horrível! No primeiro encontro, ele saltou sobre mim como se fosse um animal. Antes, eu deixaria que ele pensasse que sua atuação havia sido o máximo e que eu estava encantada. Continuaria saindo com ele, mantendo a imagem supersexy, mulher fatal, poderosa. Só que dessa vez algo diferente aconteceu. Não gostei da maneira como ele me tratou, como uma boneca inflável, preocupado apenas em se satisfazer. Não tenho vontade de voltar a vê-lo, foi horrível. Agora eu sei que quero um companheiro capaz de dar e receber."

Este é o desabafo de uma mulher bonita, excelente médica, 38 anos, cansada de representar um papel que não correspondia aos seus reais anseios. Na terapia, ela descobre que o amor romântico, tão desejado pelas mulheres, costuma ser sufocado em nome do medo de ficar sozinha. Na esperança de ser imprescindível, ela abriu mão de si própria para se encaixar na expectativa do que considerava ser o desejo masculino.

Desde pequenas, as meninas são modeladas para agradar ao homem e crescem procurando a qualquer preço se encaixar nos padrões de beleza, comportamento, esposa ou amante disposta a tudo. Penso que a próxima revolução dos costumes deverá partir dos homens, e já há indícios disso. Alguns deles começam a reconhecer que também estão cansados de sufocar seus sentimentos. Expressões do tipo: "Homem não pode chorar", "Isso é coisa de mulherzinha" e "Aja como homem" surgem a qualquer demonstração de fraqueza. Afinal, o que é agir como homem?

O que é transmitido para eles, desde a infância, é que homem não tem fraqueza — isto é coisa de mulher. Resultado: uma sociedade composta de mutilados, de homens e mulheres infelizes, vivendo estereótipos. De um lado, a mulher fatal, irresistível e descartável; do outro, a esposa e mãe dedicada, mas sem os atrativos da amante. E homens fazendo o que podem e o que não podem na tentativa de parecerem fortes e sedutores.

"Estou cansado desse tipo de encontro. Sinto-me forçado a um papel de garanhão, grande sedutor, incansável, quando, na realidade, quase sempre, estou satisfeito com apenas uma relação sexual. Mas as mulheres esperam um desempenho mais surpreendente."

Declarações como esta mostram o desencontro que atinge homens e mulheres, em busca da mesma meta, mas agindo no sentido contrário de conquistá-la. Quem vai ter coragem de quebrar o padrão? Quem vai enfrentar o risco de se mostrar como realmente é?

Enquanto isso, resta a insatisfação geral, o grande vazio, e se torna cada vez mais difícil acreditar na possibilidade de um relacionamento duradouro. Sem falar na expectativa baseada no modelo antigo: ao mesmo tempo que querem liberdade e realização, as mulheres esperam que os homens continuem cavalheiros, abrindo portas, ajudando nas compras do supermercado e lavando a louça após aquela festa maravilhosa para os amigos. Os homens, por sua vez, se queixam de falta de docilidade e carinho, ao mesmo tempo que esperam que elas dividam as contas e os aguardem com um jantarzinho romântico após um dia de trabalho. Com um pé no passado e outro no presente, ambos se debatem para apaziguar padrões antagônicos que exigem que cada um possua as rédeas da situação.

A peça *Encontros e desencontros* promete uma longa temporada, se não houver uma mudança radical nas expectativas entre os homens e as mulheres. É preciso grande dose de boa vontade e ousadia para experimentar um modelo novo, sem garantia de sucesso. O que chamamos de "amor" costuma ser uma projeção de nossas expectativas produzidas pela tirania do egoísmo e pelo medo da solidão.

Essa postura, muitas vezes, se estende aos filhos, aos amigos e a todos os que fazem parte do círculo afetivo. Estamos sempre esperando que o outro seja um deus para nós, que satisfaça todos os nossos caprichos e nos complete, preenchendo o vazio que carregamos e cuja origem desconhecemos.

De repente, nos surpreendemos procurando o amor que sentimos no início do relacionamento, agora encoberto por tantas expectativas.

Você lembra como aconteceu com você? Um magnetismo atraindo irresistivelmente um ao outro, fios energéticos tecendo uma trama, envolvendo o par de tal forma que tudo à volta passa despercebido. Em destaque, apenas a realidade que pulsa entre os dois.

E depois?

Como é que tudo isso se desfaz e, muitas vezes, termina em histórias recheadas de mau gosto e desrespeito? Que outros fatores entram em jogo? Ao buscar explicações, penso nos seres das cavernas, que se contentavam apenas com o magnetismo da fêmea para atrair o macho, e com a procriação, para garantir a espécie. Acredito que, à medida que desenvolvemos outras capacidades, tornando sutis nossas emoções, o amor foi se transformando. Afinidades, metas semelhantes, passam a fazer parte dessa combinação que antes era apenas química e hormonal.

Dotados de razão e sentimentos, precisamos de algo mais para manter viva a chama do relacionamento entre duas pessoas — cada qual procurando entender o que a aproxima ou a afasta de alguém, e os misteriosos sentimentos que envolvem as relações humanas.

Ana Maria obteve sucesso na profissão, foi capaz de superar o abandono do pai e a morte dos avós, e sobreviveu a um acidente de carro. Mas não foi capaz de suportar a traição do marido — mesmo diante da demonstração de arrependimento dele, que se mostrou disposto a recomeçar o relacionamento e reconheceu que usara a traição como forma de atingi-la, uma maneira desastrada de mostrar como se sentia por baixo e humilhado. Segundo ele, havia uma disputa velada entre os dois, provocada pelo sentimento de inferioridade que sentia diante dela. Sendo homem, tinha muita dificuldade em estar ao lado de uma mulher que ele considerava superior, mais preparada, e que possuía diplomas e atitude de auto-suficiência.

O fato de amá-lo levou Ana Maria a tentar recuperar o relacionamento. Porém, como não conseguia se esquecer da traição, diante de qualquer discórdia recomeçava com queixas e acusações: "Eu não deveria ter lhe perdoado; você não merece confiança." E terminava a longa lista sempre com a mesma frase de efeito: "Logo eu, que nunca o traí..."

Dessa forma, inconscientemente, ela tentava recuperar o poder que tinha sobre ele. Com a traição, ele — de maneira perversa — havia colocado Ana Maria numa posição inferior, tomando as rédeas da relação, que antes estavam nas mãos dela. Na gangorra, em que estão os relacionamentos amorosos, para que um suba é preciso que o outro fique por baixo.

Com a terapia, ela percebeu que, para recuperar o poder, o fazia se sentir culpado com as constantes acusações, mantendo o erro dele em evidência, de modo a ressaltar as próprias qualidades. Uma forma de Ana Maria se sentir segura, de ter controle da situação.

Para que ocorra uma mudança nos padrões dos relacionamentos afetivos é necessário transformar os padrões individuais. Temos de aprender a navegar num oceano de incertezas, sem ver nas diferenças algo ameaçador. O novo modelo familiar pode ser estruturado considerando as responsabilidades que integram uma vida a dois e projetos com base no senso comum. Um quer muitos filhos; o outro, apenas um. A empresa na qual ele trabalha vai mandá-lo para o exterior; ela tem uma profissão que não oferece oportunidade fora do Brasil. As soluções deverão partir do bem-estar comum e considerar os critérios de avaliação de cada casal. Não adianta seguir um modelo. Enquanto o medo guiar nossas escolhas, corremos o risco de constantes desencontros.

Andréa era uma advogada bem-sucedida; trabalhava numa instituição federal e realizara o sonho da sua vida — ser independente. Entretanto, sua vida afetiva colecionava decepções e perdas. Aos 25 anos, o noivo cometera suicídio, após uma longa crise de depressão. Outros namoros não ultrapassaram a faixa limite dos oito meses, e agora ela estava diante de um grande impasse: apaixonara-se por um estrangeiro e, após um ano de namoro, ele fora chamado pela empresa em que trabalhava para voltar ao país de origem.

Apaixonada, Andréa tratou de seguir os sentimentos, e decidiu abandonar tudo: o emprego, os amigos e a família.

"Toda a minha vida coloquei a profissão em primeiro lugar, mas agora vejo que o amor é mais importante", dizia, com toda a convicção, partindo de um pólo a outro. Antes, ela considerava a vida profissional mais importante que tudo; agora, sonhava com o vestido de noiva, com os filhos que queria ter e com a possibilidade de viver, modestamente, com o pequeno salário do marido num país da América do Sul.

Certo dia, ela entrou no meu consultório com os olhos inchados de tanto chorar. Havia passado a noite em claro.

"O que fazer?", perguntava a cada pausa. Fora informada de que se pedisse licença sem remuneração, como havia pensado em fazer, perderia o aumento esperado há muito tempo. Deveria abandonar todas as conquistas alcançadas até ali e seguir o amor, ou pensar melhor?

Quem poderia responder a esta pergunta?

Somente ela. Foi nessa direção que iniciamos o trabalho. Era preciso recuperar o equilíbrio antes de tomar uma decisão tão importante, e os reflexos futuros deveriam ser avaliados.

Andréa teve de revirar fatos anteriores: a morte do noivo, outras perdas e a separação dos pais. Teve de reavaliar o sentido de sua profissão, o valor de sua liberdade e a importância do amor em sua vida. Dessa forma, o amor teve de ser pensado — o sentimento avaliado à luz da razão. Andréa precisou de coragem para remexer no que antes considerava intocável. Seria capaz de viver dependente do marido? Seria capaz de se lançar numa outra profissão? Encontraria campo para isso fora do Brasil? E se o casamento desse certo, estaria disposta a abrir mão do seu emprego e da aposentadoria para viver, quem sabe, definitivamente em outro país?

Foi preciso algum tempo para que Andréa se decidisse, e não importa a decisão a que ela chegou, mas acompanhar suas reflexões. Qualquer que tenha sido a escolha de Andréa — abrir mão da profissão e da segurança econômica ou abrir mão do amor —, ela teve de assumir as conseqüências de sua decisão. Perdas e ganhos fazem parte de cada uma de nossas escolhas — temos de saber é se estaremos dispostos a ceder, e em nome de que o faremos, se decidirmos que sim. Escolhas impulsivas levam, no futuro, a culpar o outro diante da primeira dificuldade a ser enfrentada. Andréa sabia que sua decisão não deveria ser precipitada. Tinha consciência de que, se decidisse de forma impensada, na primeira dificuldade do casal jogaria no marido a responsabilidade por suas frustrações. Ela sabia também que se optasse por ficar sem conhecer os porquês da sua escolha, no futuro, quando a solidão batesse à sua porta, acabaria se culpando da falta de coragem. Sem dúvida, uma decisão dessas só deve ser tomada depois de um acordo entre o coração e a mente.

Encontros amorosos costumam acontecer subitamente e sem aviso prévio; já os desencontros acontecem mais lentamente, dia após dia. Certas palavras, pequenos atos vão causando o afastamento imperceptível, até que uma hora se torna claro o que veio sendo construído ao longo do tempo: a separação. Podemos desfiar um rol de causas que provocam os desencontros amorosos; entre elas, o marido que se considera perfeito, dono da verdade, e exige da esposa total admiração. Todas as honras lhe cabem, todo o sucesso lhe é creditado. Nenhuma concessão de sua parte. O resultado disso é um relacionamento manco, que se chegar a bodas de ouro certamente será por conta da abnegação da esposa. O mesmo ocorre com as mulheres que manipulam seus maridos, tratando-os como eternas crianças, impedindo-os de crescer. Opressoras, mantêm a relação sob controle, até que a morte os separe. Quem lucra com isso? Ambos. Mesmo que nunca tenham refletido sobre as vantagens que acreditam ter no relacionamento.

A mulher que abre mão de sua individualidade para agradar ao marido em qualquer circunstância pode estar lucrando no papel de "esposa", conquistando um lugar na sociedade, a segurança familiar, a imagem de bem casada, bem-sucedida. Esposas que mantêm um casamento de fachada, porque não querem abrir mão do papel de esposa. Uma paciente, depois de trinta anos de casada, negava-se a dar o divórcio ao marido, afirmando: "Não vou ser boba de deixar o lugar vago para que a amante dele o ocupe."

Demorou muito tempo para que compreendesse que não deveria fazer isso por ele ou pela amante do marido, mas por ela mesma. Só então compreendeu que se desvalorizava a ponto de abrir mão da própria liberdade para manter-se num lugar que não valia mais nada.

Da parte dos maridos, é bastante comum aquele que teme admitir o que sente pela esposa; então, passa o tempo falando mal dela e desvalorizando o casamento. De um lado e de outro, homens e mulheres parecem, muitas vezes, jogar em times adversários.

Um casal estava para se separar. Havia dois anos que o relacionamento vinha decaindo, a comunicação a cada dia mais difícil. As afinidades e o sexo, segundo eles, eram excelentes, mas perderam o encanto. Cada qual tinha uma versão do que estava acontecendo, e nenhum dos dois estava disposto a abrir mão de seu ponto de vista para ouvir o outro. De fora, eu podia perceber que ambos apresentavam justas reclamações, mas a relação só sobreviveria se eles se colocassem um na posição do outro. Tinham de ceder um pouco e deslocar seu ponto de vista, amorosamente, para tentar compreender o que se passava na intimidade do parceiro. Como não reuniam força de vontade suficiente para levar adiante o processo terapêutico, acabaram se separando, depois de infindáveis conflitos.

A falta de generosidade decretou o fim desse relacionamento, jogando fora anos de uma amorosa e construtiva convivência, em nome do egoísmo e da intolerância.

Todo relacionamento passa por crises, porque o ser humano atravessa fases de turbulência e de transformação ao longo de sua vida. Podemos ter consciência disso ou não. Por esse motivo, a milenar cultura chinesa dá à palavra "crise" duas interpretações: uma no sentido de perigo, e outra, no de oportunidade. Pena que geralmente optemos pela primeira.

17 Sobre o amor

COMO RECONHECER O AMOR? NOS EXEMPLOS QUE conhecemos ou nas tragédias de cada desencontro? Por que procuramos tanto por ele? Seria amor o modelo que vemos na TV, nos filmes ou nos romances? Foi amor o que eu senti, ou é o que estou sentindo agora?

O tempo todo estamos esperando que estas perguntas sejam respondidas pelo terapeuta, pelo professor, pelo orientador espiritual, pelo padre ou pelo ministro de alguma Igreja. Certamente, o amor não tem definição que possa ser enquadrada num único modelo, mas não tenho dúvidas de que é um sentimento que contém pelo menos três ingredientes: respeito, cuidado e ternura. Dependendo de a quem esteja endereçado, poderá conter boa dose de sexualidade, parceria, generosidade, altruísmo e muito mais. O amor não tem limites.

Por que, então, ocorrem tantos desatinos em nome do amor?

Talvez porque o que chamamos de amor seja o avesso das características que acabo de descrever. Talvez porque ele esteja envolto em grande confusão e pouco se conheça desse sentimento. O amor pode estar escondido, na maioria das vezes, atrás do medo de perder, do medo do abandono, do medo de ter medo, do medo, medo, medo... E quando chega ao extremo, vira egoísmo, posse, ciúme, desamor, ressentimento e, até mesmo, tragédia.

Nem sempre temos respostas sobre a vida, o amor e tudo o que nos aflige, mas é importante deixar o pensamento fluir, fazer e refazer perguntas, buscar a autonomia e a responsabilidade das idéias e ações. Descobrir novos caminhos, sentir o frio na barriga toda vez que seguimos numa nova direção e reconhecer que isso é liberdade.

Pelo que se conhece, um verdadeiro encontro amoroso deixa a marca inesquecível de algo quente que vem da alma e se espalha por todo o corpo. Chega com sentimento de entrega e de aconchego; tranqüiliza e deixa a alma sorridente.

O ciúme doentio é um padrão que aparece, com freqüência, na causa dos desencontros amorosos. Em nome do amor, muitas atrocidades são cometidas, lotando as manchetes dos noticiários de crimes passionais. Na verdade, esses atos são provocados pela incapacidade de a pessoa aceitar as situações inevitáveis, as perdas e o sofrimento. O que deveria ser uma circunstância dolorosa, por medo da perda e da solidão, transforma-se em desespero e tragédia. Quando a pessoa nega o sofrimento, recusando-se a enfrentar a realidade, em situação extrema pode partir para a violência e destruir o que considera a causa da sua dor.

Sem dúvida, é difícil aceitar o que não pode ser mudado. As regressões de memória revelam vidas que, muitas vezes, acabam em tragédia. Traição, abandono e ciúme, quando não são suportados, tentam imobilizar quem provoca esses sentimentos. O encontro amoroso geralmente começa com um dos lados na expectativa de que o parceiro venha a preencher tudo o que lhe falta e, para isso, confere ao outro um padrão de perfeição acima da normalidade. Quando a tentativa de prender, de encaixar o parceiro numa camisa-de-força que o obrigue a corresponder aos nossos anseios é frustrada, vem o desespero.

Janete amava Roberto. Roberto amava Janete. Ela usava o penteado e as roupas de que ele gostava, falava baixinho como ele apreciava. Por sua vez, ele se comportava como o príncipe que ela sonhara encontrar: provedor e controlador, fazendo-a se sentir protegida quando fiscalizava pelo celular suas idas ao shopping ou decidia cada passo na vida do casal. Não passava pela cabeça de nenhum dos dois que um dia esse pacto pudesse mudar. E não mudou, até que a morte os separou. Ela ficou viúva e despreparada para levar adiante a economia do lar, sem condições de enfrentar a realidade fora de casa, incapaz de dirigir sua própria vida. A forma que encontrou para sobreviver foi adoecer. Uma forte labirintite apareceu, por conta do estresse, e ela não fez nada para superá-la. Foi morar com os tios idosos e adaptou sua rotina à deles, tornando-se uma pessoa sem vida, sem planos, sem metas e sem alegrias.

Outra questão importante nos desencontros é o sexo, que com destaque especial representa o item principal da lista de reclamações. Grande parte das mulheres acha que seus parceiros usam o sexo como única forma de resolver os conflitos do casal. "Parece que ele não sabe o que é carinho. Nunca se aproxima para fazer um simples cafuné — qualquer aproximação tem logo que acabar em sexo."

Quanto aos homens, é comum ouvir que as mulheres vivem de TPM, mal-humoradas e sem disposição para transar. "Ela só pensa nas crianças, no trabalho e tem enxaqueca constante. Não sobra tempo para mim."

Sem dúvida, as metas estão desencontradas. Para a maioria das mulheres, sexo é secundário — o carinho está em primeiro lugar. Segundo os relatos, a melhor forma de demonstrar afeto é o carinho sem o compromisso do sexo. Os homens, por sua vez, acreditam que o sexo lhes confere fortaleza e deve ser feito sempre que se sentirem frágeis — uma forma de recuperar a autoconfiança. A sinfonia a dois começa a desafinar.

O sexo ocupa grande espaço nos conflitos entre homens e mulheres. O valor excessivo que lhe é atribuído permite equívocos, como o que foi vivenciado pela jovem que guardou tanto a virgindade que quando se entregou ao homem amado sentiu muito medo de repetir a experiência. Como havia considerado os órgãos sexuais um objeto substituto de seus valores pessoais, ficou atormentada com a sensação de que toda vez que repetisse o ato sexual estaria gastando sua vagina.

Outra jovem procurou a terapia porque estava condicionada a usar a vagina como instrumento de poder. Ao descobrir que o sexo era muito importante para o homem, passou a exercê-lo como instrumento de domínio e barganha: "Dou em troca de algo, ou não dou para pressionar e obter algo."

O que observamos, portanto, é a imensa falta de comunicação que existe entre homens e mulheres. Cada qual guarda segredos para si, blefando no jogo, alimentando a solidão a dois. Eliane, uma mulher bem-sucedida profissionalmente, descobriu que fizera da realização profissional uma arma para humilhar os homens com os quais se relacionava: "Eles vão comer aqui na minha mão" era a frase que mais sabia usar. Para se sentir mais forte, a relação sexual completava a operação "guerra dos sexos", ao ser usada como no tempo em que a mulher estava confinada nos bastidores da vida. "Já que os homens precisam tanto de sexo, posso dominá-los por esse ponto fraco."

Com tantas guerras domésticas, é comum encontrarmos casais em que os maridos se tornam mal-humorados e ressentidos e vivem contrariando tudo o que as mulheres dizem ou fazem. Se esse comportamento é constante, esses casais, mesmo permanecendo juntos, na realidade já estão separados. Suas almas não estão mais unidas — é como se tivessem passado a jogar como adversários. Não vestem mais a camisa do mesmo time.

Já a idealização do casal perfeito também pode ser a causa de muitos desencontros amorosos. Helena, uma paciente, teve uma revelação sobre as mudanças estruturais no seu padrão idealizado de casamento. Durante a terapia, ela sonhou com a fotografia de um casal de atores da novela das oito: bonitos, ricos, famosos, felizes, segundo a imagem projetada pela mídia.

O sonho revelou a crise em que a paciente se encontrava. Na época, Helena estava questionando o padrão idealizado de família que ela carregava e as frustrações que essa descoberta estava provocando. Ela descreve a angústia que sentiu ao sonhar que tentava proteger a fotografia do casal da novela com um material plastificado, mas não conseguia, e, então, jogava fora. O desejo inconsciente vem à tona, revelando que um lado seu sentia vontade de terminar o casamento, já que ele não mais se encaixava no modelo idealizado.

O marido tinha um temperamento intolerante e agressivo, e Helena sentia dificuldade em lidar com isso. O sonho a ajudou a aprofundar a compreensão de suas dificuldades, até encontrar uma nova atitude para lidar com o marido.

A relação amorosa deve ser um jogo em que os parceiros joguem no mesmo time, cada qual sendo responsável pelo sucesso ou pelo insucesso do relacionamento, e a harmonia será o resultado da capacidade do casal de aceitar as diferenças um do outro, tornando a vida a dois equilibrada e estimulante — marcada por objetivos comuns e pela tentativa de realização conjunta dos sonhos.

O que fazer quando a vida conjugal se desenrola como num ringue de disputas?

Vamos acompanhar o exemplo de um senhor que estava no terceiro casamento e descobriu que sua atual esposa era muito parecida com as anteriores: autoritária e gostava de humilhá-lo na frente das outras pessoas.

A pergunta que lhe fiz, em terapia, foi a seguinte: "Você não percebeu antes de se casar que ela possuía essa forte característica?" Ele respondeu: "Absolutamente não. Se tivesse percebido, não teria me casado."

Ficou claro que ele não aprendera nada com os casamentos anteriores. Não compreendera que o problema estava na sua característica omissa e que seu subconsciente escolhia um tipo de mulher que tomava as decisões por ele — uma forma de ele não se responsabilizar pelas conseqüências de suas escolhas.

Esse senhor se sentia incapaz para enfrentar situações, pois temia a responsabilidade, e as mulheres lhe serviam de escudo para seus medos. Mas como tudo na vida tem um preço, elas acabavam humilhando-o, porque, no fundo, desejavam um homem diferente: responsável e mais ativo. Ou seja, tanto ele como elas decidiram se casar sem ter consciência dos reais motivos que os levavam a isso. Elas também não sabiam que, de forma inconsciente, haviam escolhido um marido submisso para que se sentissem fortes diante dos homens.

Ele se encontrava diante de duas possibilidades: a primeira era a de continuar casado com a terceira esposa e, para ser feliz, tentar mudar seu padrão de comportamento, tornando-se mais ativo e assumindo responsabilidades; e a segunda, a de partir para a quarta esposa, continuando sua saga ou mudando seu padrão e escolhendo alguém que não se acovardasse diante de um relacionamento.

Ele tentou a primeira hipótese, trabalhando suas dificuldades e transformando o padrão negativo de medo e irresponsabilidade diante da vida, e acabou sendo bem-sucedido, porque a esposa estava preparada para as mudanças a que ele se propôs.

O tipo mais raro: o amor incondicional. São muitos os casos emocionantes de encontros amorosos que acompanho pela vida afora, e um deles serve de exemplo de que é possível a prática do amor incondicional tão apregoado nas citações bíblicas.

Conheci um casal de idosos que estava comemorando bodas de ouro. Eram meus vizinhos em Paris, e, diante da idade avançada, eles viviam refletindo sobre a possibilidade da morte, apesar do bom estado de saúde em que se encontravam.

Tinham construído uma linda e amorosa família — filhos e netos —, mas perceberam que estavam diante da realidade cronológica que apontava para a possível separação do casal — a morte. Depois de tantos anos de casamento, estavam próximos da única experiência que não poderia ser compartilhada. Cada um teria sua hora.

É impressionante como eles haviam desenvolvido o verdadeiro sentido do amor: como generosidade, companheirismo, altruísmo, parceria. Cada um deles considerava a hipótese de morrer antes do outro: ele, porque considerava a importância da esposa na vida do neto adolescente, acompanhando-o na luta para superar a dislexia; e ela, porque pensava que o marido faria muita falta aos filhos, que precisavam da orientação do pai para os negócios e da força espiritual que ele transmitia. Acredito que o fato de terem se realizado plenamente na vida afetiva permitiu que fossem generosos um para com o outro.

Plenos, poderiam enfrentar a morte como experiência natural e conseqüência de uma vida amorosa e feliz.

Não sei o que aconteceu, porque retornei para o Brasil e não soube mais deles. Mas não importa quem tenha morrido primeiro: ambos parecem ter deixado esta vida com a sensação de ter concluído um ciclo — sem deixar nenhuma dívida para trás.

18 Mude sua vida

Temos sempre a possibilidade de seguir em frente ou resistir ao movimento natural da vida, lutando contra a lei da impermanência que rege os seres vivos.

Como náufragos, passamos grande parte da vida agarrados a hábitos que só trazem sofrimento, desconhecendo que temos a mente como aliada para executar tarefas a nosso favor. O subconsciente obedece e executa o que programamos mentalmente; por exemplo, a pessoa que sempre está afirmando que "falta dinheiro" em sua vida dificilmente conseguirá viver em abundância. A mente subconsciente não faz diferença entre o que a pessoa quer e o que não quer, apenas vai tornar realidade possível o foco de sua atenção.

Com pensamentos, palavras e ações construímos nossa vida. A mente subconsciente é um instrumento que precisa ser usado de forma adequada, porque — e sempre — executará nossas ordens sem nenhum critério de avaliação. As antigas Escrituras falam do poder das palavras e da força vibratória que elas possuem. Se alguém afirmar o tempo todo que a vida é um sacrifício, acabará criando para si situações complicadas que exigirão muito sacrifício.

Se uma pessoa passar a vida se queixando de falta de amor, a mente vai registrar "Não tenho amor", sem distinguir se isso é bom ou ruim, afastando qualquer possibilidade de encontros amorosos. A função do subconsciente é executar a materialização das situações, de acordo com os comandos que recebe.

Por outro lado, se a pessoa levar a vida com alegria, agradecendo por tudo que possuir e sentindo-se merecedora de alegria, saúde e prosperidade, só atrairá para si situações favoráveis. Tudo vai estar de acordo com o campo de energia que ela, constantemente, cria com seus pensamentos e palavras, porque as ações costumam ser resultado disso.

Por isso, é preciso que você coloque seu foco de atenção nas metas que pretende atingir: confiança, força para sobreviver às derrotas, sucesso, alegria, família filhos, e assim por diante.

Esteja atento para manter a certeza de que tudo na vida é passageiro, criando metas que possam ajudá-lo a atravessar as fases negras da vida. Não economize esforços e evite pensamentos do tipo "Agora é tarde demais" ou "O que quero não será possível". Construa idéias de sucesso que estimulem o desejo de se aproximar o máximo possível de seu próprio sonho.

Se a sua escolha profissional ou afetiva foi feita sob influência de alguém, lembre-se de que você poderá voltar ao seu real desejo, corrigindo a rota em direção à sua meta. Se você foi capaz de realizar o desejo de seu pai, de sua mãe ou de outra pessoa qualquer, por que, então, não será capaz de realizar sua própria escolha?

Com o objetivo sempre em foco, não importa o tempo que você leva para realizar seu sonho. As metas serão alcançadas, porque a condição básica para os vencedores é colocar em prática a esperança, mesmo quando tudo parece estar perdido. Parece que para vencer é necessário ter sempre em mente a meta brilhando, como os faróis que iluminam uma estrada.

A todo momento esbarramos com pessoas que tentam se esconder atrás do fracasso dos outros, preferindo acompanhar quem está pior do que elas e considerando-se menos pior apenas porque, conforme diz o ditado: "Em terra de cego, quem tem um olho é rei."

O que me liga a tal pessoa? Por que ela me incomoda tanto? Por que sinto tanta dificuldade em me manter livre das ameaças que ela me impõe?

Você já se perguntou por que se mantém na companhia de "amizades" que não comemoram suas vitórias, que o criticam o tempo todo tentando apagar seu brilho e alimentar suas inseguranças? "Olha com quem andas e te direi quem és" ou "Antes só do que mal acompanhado" são ditados criados pela sabedoria popular para expressar a lei de afinidade.

Muitas vezes, o sentimento de culpa influencia na escolha dos amigos e parceiros afetivos, aproximando-nos de pessoas que não se interessam por melhorar e preferem invejar aqueles que pretendem viver em paz e alegria. Esse tipo de pessoa quer sempre levar vantagem sobre os outros, manipular com crises de choro, com chantagens emocionais ou com acessos de raiva seguidos de ameaça de um ataque cardíaco ou algo do gênero — na verdade, para levar o outro a ceder a seus caprichos.

São pessoas impermeáveis a qualquer negociação, com o único objetivo de escravizar quem delas se aproxima. A firme recusa em participar desse jogo destrutivo é a melhor maneira de se proteger da influência negativa desse tipo de pressão, mantendo-se fiel aos seus próprios valores, sem ficar à deriva ou ser levado a outros caminhos que o desviariam de suas metas.

É difícil, mas necessário, perceber quem não merece seu sacrifício, quem visa apenas a própria felicidade, manipula e desrespeita quem encontra pelo caminho. Será mais difícil, ainda, se essa pessoa fizer parte da sua família.

Nesse caso, o melhor é estabelecer uma distância regulamentar, adotando uma postura formal a maior parte do tempo e aproveitando essa excelente oportunidade para trabalhar seus próprios defeitos. Nada melhor que observar os seus pontos fracos (onde geralmente estamos sendo atingidos), os medos, o orgulho e as mágoas, aproveitando a chance para se conhecer um pouco mais.

Como identificar um relacionamento negativo? Como saber se a sua parte foi feita e não lhe restou alternativa, senão a de seguir sozinho?

Não espere para ter certeza disso, o bom senso deverá prevalecer. As evidências e os fatos, uma vez analisados, deverão mostrar se o relacionamento, afetivo ou profissional, está lhe fazendo bem.

Após qualquer experiência negativa, é preciso fazer uma avaliação de perdas e ganhos, aproveitando a oportunidade para fazer uma revisão em sua vida, na lista de projetos que foram abandonados, indo mais atrás, até chegar à infância, relembrar os sonhos e projetos esquecidos. Por que não os realizei? O que me impediu? Ainda estão com prazo de validade? O que ainda posso fazer?

Ao mudarmos nossas crenças, mudamos também as companhias, permitindo que se aproximem pessoas generosas e bem-intencionadas que costumam comemorar e alegrar-se com o sucesso alheio. Semelhante atrai semelhante, é bom lembrar mais uma vez como funciona essa lei.

Qualquer que seja seu conceito de felicidade, é preciso admitir que uma pessoa feliz é aquela que consegue participar das mudanças e superar barreiras antes intransponíveis, como aconteceu com uma paciente que levava a vida reclamando das condições em que trabalhava. Ela dizia que o chefe era injusto e afirmava: "Sou eu quem mais trabalha no departamento e não recebo nenhum tipo de reconhecimento, nem promoção, nem elogios."

Com a terapia, ela acabou compreendendo que era responsável por boa parte dessa situação. O tempo todo achava seu chefe — ou qualquer pessoa que estivesse numa posição superior à sua — "autoritário e mesquinho". Com grande dificuldade de lidar com o poder, sentia-se sempre inferiorizada na posição subalterna. Sofria de excesso de orgulho e preconceito.

Desde o início, seu relacionamento com o chefe estava impregnado de amargura e hostilidade. Isso, de alguma forma, foi percebido por ele, que provavelmente a mantinha no emprego por sua eficiência, "esquecendo-se" do lado negativo da relação. Mas esses sentimentos inconscientes haviam criado uma incompatibilidade entre eles.

Isso prova que mesmo quando as pessoas não têm consciência, mesmo quando os sentimentos passam despercebidos, eles provocam reações que serão positivas ou negativas. Existem pessoas que, acreditando no mérito de uma vida feliz e saudável, concentram toda a sua força interior no sentido de melhorar suas condições. Outras preferem o caminho da dúvida, do medo, considerando que saúde e felicidade são "coisas do outro mundo".

Esse tipo de gente costuma alimentar seus pensamentos com frases do tipo "Eu não consigo"; "Isso é impossível"; "Sabe a última doença que tive?"; "Isso sempre acontece comigo"; "Isso não é pra mim". Dessa forma, vão sendo construídas imagens de insucesso, doença, abandono e solidão. Uma imagem negativa começa a se alimentar da que vem a seguir, criando um monstro que passa a ter vida própria, a dirigir as atitudes e o comportamento da pessoa, construindo, assim, a realidade que ela tanto teme.

Ela já não será a mesma pessoa, cada dia mais insegura, acuada e metendo os pés pelas mãos, chegará à depressão, à violência, à falência ou aos fracassos de toda ordem — afetivos, profissionais, sociais etc. E o alerta dos amigos, as "dicas" sutis do psicanalista ou os exemplos citados na vasta literatura e cinematografia a respeito dos desastres causados pelo apego e pela idéia fixa não vão adiantar de nada.

Como mudar?

Será preciso quebrar a rotina, transformar o olhar, o ritmo, adquirir uma nova visão do mundo e acreditar que da mesma forma que a felicidade tem princípio, apogeu e fim, o oposto, também. Por que, mesmo sabendo disso, as pessoas preferem alimentar pensamentos e hábitos negativos?

Porque mudar a rotina, abrir novas possibilidades, exige desapego. Porque elas acreditam que o que conhecem é mais seguro que o desconhecido, por melhor que possa vir a ser. Porque elas cultivam pensamentos e crenças equivocados. Nesse rol se encontram todas as gamas de vícios, produtos de hábitos cultivados cuidadosamente pelos pensamentos. Em geral, provocados por determinada dificuldade ou insegurança que as pessoas resolvem esconder de si próprias — acabando assim por usar o álcool, a nicotina, a comida e o sexo em excesso, e outras drogas, para esconder e compensar um vazio, uma sensação de falta origem cuja elas não identificam.

Ao tentarmos preencher com comida um vazio que é de origem emocional, nunca estaremos saciados. A compulsão começa a partir de uma sensação desagradável, um vazio, uma angústia, quando, imediatamente vem a sensação de fome, logo saciada. Por poucas horas, permanece a ilusão de estarmos "preenchidos", até que a digestão termina e, novamente, retorna a sensação de fome.

O alcoolismo também começa aos poucos. "Um drinque serve para acabar com a timidez" — costuma dizer o futuro alcoólatra. Quando a dificuldade inicial não é identificada, vem um drinque após outro, seguindo o mesmo princípio que serve para a comida e para qualquer outra droga, mais leve ou pesada.

Quanto ao alcoolismo, alguns cientistas acreditam na determinação genética. A meu ver, essa questão está ao lado de muitas outras influências, formando um complexo que precisa ser estudado. Se um homem se torna alcoólatra como o avô, o tio, o pai ou a mãe, ele o faz, muitas vezes, por se identificar, antes de tudo, com a pessoa e, depois, com o hábito dela. Pela lei de afinidade, os mais jovens seguem aqueles com os quais se identificam, portanto, quando a dificuldade de enfrentar algum tipo de situação surge, um vício pode se tornar um exemplo a seguir.

Qualquer vício deve ser considerado um tipo de idolatria que, a exemplo do alcoólatra, transforma a garrafa de bebida num símbolo capaz de tirá-lo da sensação desagradável. Existem outras formas de idolatria para o viciado. A cocaína, por exemplo, se torna um pó mágico para o usuário; os jogadores incontroláveis tornam-se escravos do desafio permanente; e há aqueles que preferem o sexo como forma de ilusão, projetando em cada conquista a possibilidade de se tornarem mais poderosos aos olhos dos outros.

Em todos esses casos, o que está por trás é a tentativa de encobrir os sentimentos de incapacidade e de abandono e a solidão. Pessoas viciadas se iniciam no vício pelo forte desejo de voltar ao estado de segurança e de proteção que perderam. Para vencer a dependência é preciso que a pessoa admita que em algum momento se tornou escrava dessa idolatria. Só então ela terá condições de procurar ajuda, em grupos do tipo do AA ou do NA, para fortalecer sua vontade e ser capaz de construir novas metas de vida.

O processo do desapego possui três etapas:

Primeira: confrontar e reconhecer o nível de dependência em que a pessoa se encontra e o que deseja mudar.

Segunda: perdoar-se por se encontrar em estágio tão distante da sua idealização e aceitar sua condição humana, ignorância e inseguranças.

Terceira: traçar um plano estratégico para melhorar suas fraquezas, ciente de que não dá para carregar tudo, alguma bagagem terá de ser abandonada pelo caminho.

O sucesso dessa iniciativa vai depender do grau de investimento que a pessoa dedicar ao seu projeto. A condição básica é força de vontade e persistência. Existem exemplos de pessoas que se libertaram de pensamentos e hábitos negativos e reconstruíram suas vidas, livres dos tormentos a que estavam aprisionadas. Essas pessoas deram a volta por cima, reconstituindo seus patrimônios depois de terem mergulhado em completa falência, tanto material quanto emocional.

O que está por trás de tudo é a força mental, capaz de superar obstáculos que outros não ousariam. Há exemplos de pessoas que, embora consideradas clinicamente mortas, reagiram com intensa força mental e vontade de viver, recuperando a vida quando o diagnóstico médico não lhes dava nenhuma chance de sobrevivência.

Cabe a cada um refletir sobre sua vida, suas dificuldades e tudo o que gostaria de mudar, e reconhecer o que pode e o que não pode ser mudado. Isso requer certo grau de aceitação da realidade. Se você teima em levar a vida por um caminho impossível de ser trilhado, o resultado é a infelicidade. No entanto, se souber identificar o que está ao seu alcance e se esforçar para adquirir novas capacidades, certamente aproveitará esta vida para alcançar realização e bons momentos de felicidade.

19 Dinheiro é troca

Quanto preconceito em torno do dinheiro: traz felicidade, não traz, traz desgraça; enfim, crenças que envolvem essa questão e afetam profundamente as pessoas sem que nem mesmo elas saibam quanto estão sendo afetadas. Você já parou para refletir sobre o que o dinheiro significa para você? Pois experimente. No primeiro instante, surgem frases feitas colecionadas ao longo de sua vida, pensamentos herdados da família que, por sua vez, os herdou dos antecedentes. Aquela tia simpática que foi abandonada pelo noivo rico e associou a perda da felicidade ao dinheiro que ele possuía. Ou mesmo o pai trabalhador que, apesar de jogar semanalmente na Loto, afirmava aos quatro cantos que "Dinheiro não traz felicidade". A tradição da família honrada, mas pobre, sempre foi compensada por essa frase lapidar: "Pobres, mas honrados."

Atribui-se ao dinheiro o poder de trazer ou não felicidade, colocando nele a responsabilidade por nossas dificuldades. Perseguindo-o, acumulando-o ou fugindo dele, estaremos atribuindo ao dinheiro a responsabilidade pelas desgraças ou fracassos que possamos cometer. O dinheiro é apenas um símbolo de troca, um objeto inanimado à nossa disposição, para fazermos dele o uso que quisermos. É um equívoco pensar que o dinheiro tem o poder de tornar alguém feliz ou infeliz. O mundo está cheio de exemplos que provam que isso não acontece. Lembram-se do homem que ganhou na Loteria Federal e, pouco tempo depois, estava na miséria porque não soube usar seu dinheiro?

Talvez ele carregasse o padrão "Dinheiro não traz felicidade" e, inconscientemente, por medo de ser atacado por desgraças terríveis, tratou de livrar-se dele, voltando à condição miserável em que vivia. Dessa forma, sentia-se mais seguro. Ou, quem sabe, não se sentia merecedor de tanta sorte, o que também representa dar ao dinheiro um significado acima do que ele representa: apenas um símbolo de troca.

A felicidade pode ser vivida independentemente dos bens materiais, mas há quem corra atrás do dinheiro a ponto de roubar e matar se for preciso. Enquanto não definirmos o que significa "felicidade" e quais são nossas necessidades essenciais, tentaremos substituir por dinheiro aquilo que não pode ser comprado por ele.

Há séculos e séculos que o dinheiro vem sendo vinculado ao poder e, dessa forma, ficou associado aos males da humanidade: guerras, violência, prostituição, fome, miséria, drogas. Estes são apenas alguns exemplos da intenção que a humanidade colocou no uso do papel e da moeda que batizamos com o nome de "dinheiro".

Se uma pessoa se prostitui por dinheiro, não é o dinheiro responsável por isso, mas a forma como a pessoa usa esse símbolo, como ela faz sua troca. Se existem pessoas que roubam, manipulam, matam ou escravizam outras em busca de poder, ou enriquecem à custa da desgraça alheia, a culpa não é do dinheiro. Não faz sentido que um simples objeto, de papel ou metal, seja responsabilizado pelos atos humanos nem chamado de "vil metal" ou algo "sujo".

O dinheiro é um veículo à nossa disposição para, em menor ou maior grau, ajudar na realização dos nossos sonhos. Temer o dinheiro ou desejá-lo acima de tudo é prova de ignorância do seu real significado. O papel do dinheiro é ser trocado pelo que não temos: casa, alimento, vestimenta, cuidados com a saúde e a educação, lazer.

É comum receber em meu consultório pessoas atormentadas por conceitos negativos em relação ao dinheiro. Uma delas, Gisele, estava na terceira geração de equívoco. O avô havia perdido tudo e, como era muito religioso, pensou que fora obra de Deus, sentindo-se culpado porque usava seu dinheiro para manter várias prostitutas sob seu domínio.

O sentimento de culpa foi determinante na permanência do fracasso financeiro em que mergulhou. Sentiu-se castigado e acreditou ter de "pagar pelos pecados cometidos". Nada fez de efetivo para se recuperar da crise e, assim, "pagou a penitência", levando sua família à miséria.

A geração seguinte carregava o padrão "A miséria é o caminho para o perdão", e o filho nada fez para vencer na vida, contentando-se com trabalhos que não lhe davam prazer, apenas garantiam o mínimo da subsistência da família.

Continuava o estigma de punição da saga familiar. O pai de Gisele nunca lutou por melhores salários, seguiu como "boi de presépio" o caminho traçado por seu pai.

Infeliz, acabou afogando a frustração no álcool, criando um ambiente de miséria e infelicidade, onde Gisele cresceu, sem acreditar que poderia ter uma vida de abundância e realização.

Apesar do diploma de advogada que mantinha na gaveta, Gisele trabalhava como caixa de um banco e achava que já tinha conquistado muito. Não se permitia sonhar, muito menos o desejo de ser juíza, que revelava em voz baixa, quase inaudível. Aos 30 anos, compensava a "camisa-de-força" em que colocara sua vida comprando compulsivamente, estourando o cartão de crédito em lojas de má qualidade. Muita quantidade e pouca qualidade.

Apressada, corria de um lado a outro para cobrir os cheques que emitia, à beira de ser processada, repetindo o padrão que o bisavô implantara no passado: o fracasso apaga a culpa.

Procurou apoio psicológico seguindo a intuição que acenava em direção à sobrevivência. "Quem sabe", perguntou, "poderei sair dessa?"

Com força de vontade para fazer a árdua travessia para o autoconhecimento, Gisele conseguiu identificar no passado essas lembranças e relacioná-las à sua vida e à maneira como a estavam influenciando negativamente.

Tenho observado que podemos herdar crenças de nossos antepassados que nos chegam pelo comportamento familiar e pela memória oral, e que, inconscientemente, repetimos sem perceber a inutilidade do padrão determinado.

Pedro nega o real significado do dinheiro e sempre encontra um jeito de gastar mais do que ganha, comprando artigos desnecessários. Com baixa auto-estima, não acredita que merece viver em fartura, a abundância o incomoda sem que ele tenha consciência disso.

Desde a infância ouvia a mãe dizer que "Dinheiro é sujo e desgraça a vida das pessoas". Seus antepassados disputaram uma herança até a morte. O ramo de sua família foi afetado pelo crime de seu bisavô, que levou todos à miséria. Outro preconceito inconsciente associou-se a esse: "Não merecemos a abundância, a família leva a marca do crime e devemos pagar por isso."

O preconceito permaneceu por mais de três gerações e só foi eliminado quando Pedro decidiu fazer terapia, para superar o sentimento de culpa e miséria herdado dos antepassados.

A boa relação com o dinheiro é muito importante. Saber lidar com ele significa lidar com a troca, dar e receber. Algumas vezes a situação exige que sejamos doadores e, em outras, receptores, equilibrando a troca de papéis nos relacionamentos. Não adianta viver tentando levar vantagem em tudo, obtendo as coisas sem nada dar em troca. A troca precisa ocorrer de alguma forma, seja no afeto, seja nas coisas materiais, ou ficaremos com nossa conta no vermelho. Na dinâmica da vida, o ato de receber deve ser tão temporário quanto o de doar, permitindo que a experiência seja alternada.

As pessoas, com equívocos de realidade em relação ao dinheiro, costumam apresentar algumas características: pensamentos de penúria, não acreditam possuir o suficiente para dar ou trocar, procuram sempre levar vantagem em tudo ou acham que os outros possuem sempre mais do que elas. Assim, desconfiadas e ressentidas, acabam desenvolvendo comportamentos prejudiciais que atraem incapacidade, desprestígio ou desconfiança.

Um outro tipo de comportamento negativo é adotado por pessoas que temem ser cobradas pelo que possuem. Estão sempre reagindo como se fossem devedoras de algo que desconhecem. Para proteger-se de qualquer cobrança, assumem uma posição defensiva: "Estou tão sem dinheiro", "Acabei de ser enganado por fulano" ou "Minha família acaba com as minhas finanças". Fugindo de qualquer possibilidade de troca, procuram pagar sempre menos do que gastam, afastando a possibilidade de que alguém venha precisar de seus favores.

Esse tipo de pessoa, sempre envolvida por pensamentos de "falta", atrai para si a idéia de carência — sua vida acaba se tornando exatamente como ela se apresenta ao mundo.

Fartura e abundância dependem, entre outros fatores, de uma afinidade com essas qualidades. A inveja não favorece, porque parte do princípio que "Não é possível alguém prosperar dessa maneira...". Comentários depreciativos sobre terceiros significam que a admiração passou longe, ficou apenas o outro lado da moeda: a inveja.

Vale a pena observar o tipo de pessoa que está sempre invalidando o sucesso alheio — geralmente sua vida permanece estagnada, porque ela nega a possibilidade de sucesso. Estamos cansados de ouvir pessoas dizendo: "Fulano enriqueceu de forma desonesta", "Quando a conheci, ela não tinha onde cair morta", "Beltrano não passa de um vigarista".

Comentários inconseqüentes a respeito de alguém bem-sucedido é sempre perda de tempo. Quando nos deixamos dominar pela inveja, diminuindo a conquista alheia, passamos a não acreditar que também somos capazes de obter o que eles conquistaram.

O invejoso não se acredita capaz, não aprende com aquele que realiza. Está sempre acentuando os aspectos negativos dos companheiros de trabalho, da família e duvidando de suas vitórias, qualidades e conquistas. Dessa forma, condena a riqueza e a prosperidade, nega e as afasta como algo impossível de ser conquistado.

Reconhecer as vitórias que os outros alcançam é o primeiro — e fundamental — passo para abrir portas para a sua prosperidade. Ninguém veio ao mundo para viver de forma miserável, passar fome ou adoecer por falta de recursos. Não existe virtude na pobreza ou maldade na riqueza, preconceitos que precisam ser eliminados porque bem e mal estão em todos os lugares e em todas as pessoas.

O mundo é regido pela lei de afinidade: toda vez que emitimos uma idéia, ela vai buscar outras similares para se afinar. Portanto, todo cuidado é pouco no que se refere aos pensamentos que emitimos e que podem nos afastar das metas que pretendemos atingir. É preciso fazer, todo dia, uma faxina nos pensamentos empurrados para baixo do tapete da mente, refazendo contratos, reavaliando idéias e crenças, dissolvendo medos, culpas, raivas e ressentimentos. É importante afastar a idéia de que dinheiro é coisa do diabo, porque, assim, você se afastará dele como o diabo da cruz.

20 Sem medo do sucesso

Viver é um empreendimento perigoso, sem nenhuma garantia de sucesso. No caminho, existem sinalizações que podem ser seguidas, experimentando erros e acertos, perdas e ganhos. Ter ou não sucesso vai depender das metas pessoais e, muitas vezes, não se trata de avaliar por um único critério ou pelo resultado final. Às vezes, o sucesso é apenas aparente, a pessoa fez tudo para agradar à família ou à sociedade: escolheu a profissão, o companheiro, o número de filhos e tudo mais sem levar em conta seus reais anseios.

O que representa para você ser uma pessoa de sucesso?

Muitas vezes, idealizamos a vida de alguém, almejando o que ela conquistou e desejando o sucesso que ela aparenta ter. Nem sempre aquilo que tem valor para alguém nos serve de modelo.

Os valores de uma pessoa são tão únicos quanto suas impressões digitais, e quando não temos consciência disso, abrimos mão de nossas metas para realizar o que os outros consideram valioso. Uma vida feliz é a vivida de acordo com a nossa essência, mas, para tal, precisamos acreditar que temos direito a viver nossa própria vida.

Nem sempre "vencer na vida" torna alguém feliz; às vezes, a pessoa se afasta do sucesso levada pelos medos inconscientes. Carlos desconhecia seu medo do sucesso até que foi promovido na empresa em que trabalhava, e, ao contrário do que seria esperado, começou a sofrer de insônia. Após oito meses, procurou a terapia e, durante o tratamento, descobriu que a promoção representava o sucesso que ele tanto desejava. Sem saber por que, a possibilidade de atingir algo que lhe traria muita alegria despertara nele um sentimento de grande ameaça. "Algo catastrófico estava para acontecer."

Revivendo fatos marcantes de sua infância, Carlos pôde compreender que o medo que sentia havia se originado da perda do pai horas depois de ter vencido um campeonato de futebol. Estava comemorando alegremente com os colegas e professores quando foi chamado em casa: seu pai acabara de falecer. Essa experiência ficou registrada em seu inconsciente como: "Depois de uma grande alegria, vem uma profunda tristeza."

Compreender esse mecanismo inconsciente ajudou-o a aceitar a promoção na empresa, usufruindo a alegria que merecia sem medo de enfrentar alguma perda dolorosa a seguir.

O que é ter sucesso? Um trabalho gratificante, uma vida social compensadora, uma vida familiar harmoniosa, dinheiro, bem-estar, reconhecimento profissional, amor?

Por que algumas pessoas prosperam, apesar do ambiente inóspito em que vivem, e outras fracassam, apesar de cercadas de todas as facilidades?

Por que alguns, embora nascidos numa mesma família, crescem acomodados, enquanto outros são mais ousados? Por que encontramos pessoas que são curadas de doenças consideradas incuráveis e outras não?

Se observarmos as influências externas negativas, poderemos também verificar a atitude mental que cada uma dessas pessoas assumiu diante de fatos que vivenciaram. Alguns preferiram considerar os fatos negativos uma confirmação da péssima impressão que tinham de si próprios — assim, fracassaram, movidos por forças externas negativas.

Marilena estava com 56 anos, médica aposentada, boa aparência e uma lista infindável de fracassos amorosos. Em cada sessão de terapia, ela repetia com voz de lamento: "Porcaria de vida, hoje é mais um dia como outro qualquer."

De alguma forma, ela conseguira afastar seus pretendentes, e, para que a terapia apresentasse resultado, teria de descobrir a origem desse sentimento. Aos poucos, Marilena começou a observar que já acordava com esse pensamento e que a partir de então seu olhar se contaminava de desânimo, tudo o que acontecia era percebido negativamente. Tempos depois, ela encontrou os elos na infância, quando iniciou o padrão que ela chamou de "espírito de porco". Essa descoberta foi o primeiro passo para a transformação que deveria ocorrer para deixá-la de bem com a vida.

O tempo todo podemos criar o céu ou o inferno em nossas vidas, e algumas pessoas têm a coragem de ultrapassar as dificuldades, buscando caminhos mais favoráveis à realização de suas metas. Temos exemplos de sobra, alguns bastante conhecidos, como o de Abraham Lincoln, no século XIX. Filho de lenhador, ele venceu inúmeros obstáculos com perseverança e, sem perder de vista sua meta, chegou à Presidência dos Estados Unidos. No Brasil, tivemos, na década de 1950, o exemplo de uma grande figura de destaque em nossa história: o presidente da República Juscelino Kubitschek. De origem humilde, JK, como era chamado, certamente encontrou muitas barreiras ao longo de sua vitoriosa carreira política.

Assim como eles, você deve usar o pensamento como um instrumento capaz de ajudar na solução de problemas do tipo: Como estudar mais? Onde procurar informações que me ajudem a melhorar? O que está atrapalhando meu desempenho na escola? No trabalho? Em casa, com a família? Quais são os meus defeitos e o que posso fazer para realçar minhas qualidades?

Heloísa estava com 38 anos e acabara de se separar do marido, que partiu para um segundo casamento, deixando-a com os dois filhos adolescentes e a casa onde viviam na Gávea. A pensão alimentícia que recebia para os filhos era insuficiente para manter a casa e a família, agora sob sua responsabilidade.

No início, ela entrou em desespero. Vivera os 17 anos de casamento concordando com o marido que era melhor administrar a casa do que investir na sua profissão. Ela se formara em administração de empresas. Agora, precisava trabalhar, mas sentia-se fora do mercado, insegura e sem experiência para se apresentar como administradora. O que fazer?

Apesar da insônia, do mau humor e das olheiras profundas, ela não desanimou. Pesquisando daqui e dali, Heloísa enfrentou o medo e decidiu colocar em prática uma possibilidade: com a ajuda da sua empregada doméstica, iniciou a fabricação caseira de deliciosas trufas e do molho de mostarda de Dijon, segredo da bisavó francesa. A plantação de mostrada foi feita com a colaboração de uma amiga que morava em Friburgo e possuía um quintal capaz de abrigar a pequena plantação.

Em menos de um ano teve que contratar mais uma ajudante. Dois anos depois, fornecia para os melhores restaurantes do Rio de Janeiro. Sem dúvida, não houve milagre, mas muito trabalho, persistência e autoconfiança, fruto de sua capacidade de ultrapassar a barreira da frustração inicial e encontrar novos caminhos para sua vida.

Mesmo assim, exemplos de sucesso costumam não ser suficientes para pessoas que preferem se lembrar apenas das situações de fracasso, mantendo afastada a possibilidade de sucesso, porque preferem responsabilizar os outros por suas falhas. Esse jogo inconsciente serve para esconder os próprios defeitos e alimentar a imagem de "vítima", que as mantêm imobilizadas.

Ou, então, colocam-se na posição de "bode expiatório" do mundo. Passam a vida se responsabilizando pelo que fizeram no passado, arranjando desculpas pelo que possam fazer de errado, considerando-se responsáveis pelo que acontece de ruim à sua volta. Esse tipo de pessoa carrega nos ombros os erros do mundo. Fica impossível, então, merecer o que a vida oferece de bom — que se torna evidente na forma como sabotam o próprio sucesso e qualquer chance de felicidade.

Outro tipo bastante comum — o outro lado da balança — é aquela pessoa incapaz de abrir mão de uma parcela do que tem, não levando em conta as necessidades de quem quer que seja. Sua frase mais comum é: "Quem quiser que goste de mim assim, eu não vou mudar em nada."

Esse tipo de aviso esconde grande insegurança, embora possa ser interpretado por pessoas menos avisadas como uma atitude independente e auto-suficiente. Na realidade, é medo disfarçado, com forte dose de prepotência. Os medos inconscientes se apresentam de diversas formas, sempre afetando as metas de felicidade e realização, como ilustra muito bem o exemplo de uma mulher que sofria de gastrite, bronquite e muitos outros "ites".

Todo dia, ela repetia a mesma ladainha, para preocupar a família e manter a atenção de todos voltada para as doenças que ela cultivava com bastante carinho. Seu grande medo era a solidão e, assim, ela concentrava todas as energias nos pontos fracos de seu organismo, acentuando-os, acreditando que, dessa forma, estaria sempre cercada de atenção. É possível que ela fizesse isso sem a menor consciência da verdadeira causa. Sem prestar atenção ao que acontecia de bom à sua volta, suas lamúrias só iam crescendo. O resultado foi exatamente o oposto ao que ela pretendia: tornou-se uma pessoa desinteressante, os parentes e amigos foram se afastando, e os que ficaram, faziam "ouvidos de mercador".

Aconteceu então o que ela mais temia: as pessoas não agüentavam ficar ao lado dela, ouvindo relatos intermináveis de detalhados diagnósticos médicos, cujo único objetivo era prender a atenção dos outros. Assim, acabou encontrando a solidão. Mas, orientada por um dos filhos, procurou a psicoterapia e, após algum tempo, conseguiu localizar a causa de tantas doenças: o medo de ficar só. O processo ensinou-a a mudar a estrutura negativa de seus pensamentos e a descobrir como atrair a atenção dos familiares e amigos de forma construtiva, tornando-se uma pessoa interessante e capaz de falar e viver realidades agradáveis. Esse foi um caso de fracasso que se transformou em sucesso. Ela passou, então, a ser citada como exemplo de força de vontade, porque mudou "Da água para o vinho" — como diziam os mais próximos, conquistados por sua nova postura.

Casos de fracassos podem ser encontrados em todo canto: péssimos médicos e advogados, péssimos maridos e esposas, porque fizeram suas escolhas com base no medo de fracassar, de não ser aceito.

O sucesso depende do que cada um precisa realizar para evoluir. Tive uma aluna em meus cursos de regressão de memória que era freira. Em certo momento, o grupo decidiu pressioná-la a abandonar a vida religiosa, que para eles era incompatível com uma postura espiritual-científica.

Como ela estava em crise, me perguntou o que eu pensava. Deixei bem claro que somente ela poderia tomar aquela decisão e que o importante era seguir sua voz interior, livre do preconceito de qualquer ordem. Importante seria respeitar suas escolhas, sem avaliá-las pela opinião de terceiros, e, completando, perguntei se havia alguma incompatibilidade entre sua crença religiosa e o curso. Ela decidiu terminar a formação em terapia de vidas passadas.

Qualquer que seja o roteiro de nossas vidas, estaremos aprendendo o que precisamos, sendo capazes de agir e beneficiar outras pessoas. Minha geração costuma acreditar que para ser feliz é preciso colocar a realização profissional acima de tudo. Não acredito, hoje em dia, que esse modelo sirva para todo mundo. Cada pessoa reencarna com necessidades próprias: umas precisam aprender na vida doméstica; outras, pela realização profissional; mas todas devem encontrar o equilíbrio entre esses dois pontos.

Crescemos observando mães que abriram mão de tudo, e como, na sua maior parte, o resultado foi desastroso, decidimos conquistar os mesmos direitos dos homens. Levantamos bandeiras com o lema "independência total" e, para conquistá-la, muitas mulheres colocaram a vida familiar e afetiva em segundo plano.

Sem dúvida, houve um grande avanço em vários níveis, mas qualquer evolução, para seguir seu curso, precisa, a cada etapa vencida, reavaliar suas vitórias e perdas. É momento de adotar o que existe de melhor nas duas condições em busca do equilíbrio pessoal. Cada pessoa deve procurar seu ponto ideal de liberdade e realização, e algumas mulheres começam a repensar suas carreiras, buscando um caminho pessoal para a felicidade.

À minha volta, observo mulheres que estão felizes, tendo priorizado a vida familiar — algumas, dividindo a educação dos filhos e a vida profissional; outras, dedicando tempo integral à administração do lar e dos filhos, deixando suas carreiras de lado. Mais adiante, quando os filhos crescidos já não estiverem exigindo maior atenção, poderão retornar a suas carreiras.

É possível uma variedade enorme de pontos de vista sobre liberdade e realização, sobre encontrar seu equilíbrio, em vez de seguir um padrão externo nem sempre adequado. Márcia, uma amiga, inteligente e culta, atravessou alguns momentos de angústia porque decidiu abandonar a odontologia para dedicar-se à família, acompanhando o marido executivo e os dois filhos nas constantes viagens para fora do país.

Há alguns anos, numa conversa de desabafo, perguntei-lhe se era feliz. Seus olhos brilharam: "Sim", ela respondeu. Estava feliz com a escolha, tinha um marido companheiro, muita afinidade, uma família adorável, só que havia um outro lado: o padrão das amigas, pressionando-a a ter uma realização profissional.

"Eu devia fazer algo importante", continuou.

A pergunta que veio à minha mente foi: "Você acha que conduzir a vida familiar e a educação de seus filhos não é algo importante?"

Um sorriso cresceu em seu rosto. Decerto que até então ela não se dera conta disso.

Qualquer que seja a escolha, sempre haverá perdas, o importante é reconhecer suas prioridades. Fico imaginando quantas vidas anteriores de sucesso profissional minha amiga Márcia já deve ter tido para merecer a tranqüilidade da experiência doméstica como um capítulo de aprendizado, sendo uma mulher evidentemente madura, de idéias próprias, a quem o marido respeita e admira. Ela desenvolve um trabalho de assistência social por onde passa e tem um papel marcante na formação dos filhos.

Que mais para o momento?

Tenho acompanhado inúmeros pacientes de diferentes credos, raça e condições cultural e social. Venho observando durante as regressões de memória que, muitas vezes, no período entre uma vida e outra, eles são acompanhados por espíritos mais evoluídos que os ajudam a se conhecer melhor. Faz parte do autoconhecimento relembrar vidas anteriores e erros do passado, já que com eles aprendemos e evoluímos. E, de todos esses relatos, comecei a investigar uma questão importante: do início do século passado para os dias atuais, esses orientadores vêm acelerando a troca de papéis para quem se prepara para reencarnar. Aqueles que vinham repetindo os erros e reencarnando sucessivamente no mesmo sexo foram aconselhados e, até mesmo, levados compulsoriamente a reencarnar no sexo oposto, para que a mudança de papéis permita a evolução da humanidade.

Será que isso explicaria o número crescente de homens sensíveis e a quantidade de mulheres de liderança destemida que surgiram nas últimas décadas?

Insistir em seguir o padrão que considera o homem como o forte do casal e a mulher, a frágil, não seria alimentar um conflito sem chances de solução?

Para um futuro breve, a pesquisa detalhada que estou desenvolvendo poderá comprovar essa tese, levantando pela TVP os inúmeros casos de reencarnação no século XX, o sexo que elas tiveram nas últimas vidas e na vida atual. Quem sabe se a solução para tantos conflitos e desencontros entre homens e mulheres seja aceitarmos que ambos os sexos possuem diferentes características de força e fraqueza?

21 Sem medo de ser feliz

"Como alguém pode encontrar a felicidade, considerando-se infeliz?"

Essas palavras de Chico Xavier me levaram a refletir sobre quanto podemos interferir nos caminhos, se pensarmos que não existem motivos para sorrir ou nos sentirmos agradecidos pela vida que recebemos. Dessa forma, certamente encontraremos dificuldade para esbarrar com a felicidade.

O que nos impede de ser feliz? A maioria das pessoas escolhe a infelicidade porque desconhece outros caminhos. Cegas a qualquer outra possibilidade melhor que se apresente, elas alimentam idéias nocivas sobre si próprias e sobre a vida. Embora o ser humano sonhe com a felicidade, a maioria caminha no sentido contrário. Homens e mulheres passam a vida acumulando decepções, desafinados com o que se passa em seu coração e em sua mente. A busca da integridade é um caminho longo e contínuo. E felicidade tem muito a ver com isso. Não parece ter a ver com o fato de acumular bens materiais, sucesso profissional ou qualquer outra coisa. É questão de harmonia com as leis espirituais, como a orquestra bem afinada por um maestro, competente e sensível, capaz de ouvir qualquer nota dissonante dos vários instrumentos. Ressentimentos, medos, culpas e ódios fazem nossa alma desafinar, deixando-a afastada do resto. Não importa o que a vida apresente, se estivermos em sintonia com nossa essência, cada evento doloroso que superarmos, continuaremos cada vez mais fortes.

Solange é um bom exemplo: bem-sucedida profissionalmente, bonita e inteligente, sentia-se frágil diante dos homens, e para enfrentá-los assumia uma postura indiferente. Apesar de possuir muitas qualidades e da vontade expressa de casar e ter filhos, aos 35 anos encontrava-se sozinha, porque um padrão inconsciente atuava tanto nas escolhas quanto na duração de seus relacionamentos afetivos.

Havia dois aspectos em sua personalidade: um bem-sucedido e outro voltado para o fracasso. Em determinado ponto de sua vida, o lado afetivo foi relegado a segundo plano para que o sucesso profissional fosse atingido. Agora, queria realizar-se afetivamente, mas não conseguia. Com o lado afetivo atrofiado, Solange não sentia coragem de levar adiante seus relacionamentos.

Mas o problema começou muito antes. Quando estava com 17 anos, a mãe descobriu que o marido tinha uma outra família e pressionou Solange a exigir uma definição do pai. O confronto levou-o a se decidir pela outra mulher. Ferida em seu orgulho, ela esconde a dor do abandono e reage dizendo ao pai: "Pode ir. Não vamos morrer por sua causa."

Solange não percebeu que naquele momento estava criando um postulado não só para a questão com o pai, mas para a possibilidade de qualquer relacionamento amoroso, dali para a frente.

"Naquele momento, meu coração se fechou", ela disse. Meu único objetivo passou a ser fazer a universidade, trabalhar e tornar-me independente. Dessa forma, nunca iria depender de homem nenhum. Havia o medo terrível de voltar a sofrer a dor e as dificuldades que ela e a família passaram, como conseqüência do abandono do pai.

Dali em diante, com a ajuda de um parente, Solange deixou o Nordeste, veio estudar no Rio de Janeiro, formou-se e alcançou um bom patamar profissional. O tempo foi passando e ela se esqueceu do episódio da separação dos pais, ou, pelo menos, dos sentimentos dolorosos. Certo dia, foi tomada por uma grande angústia: percebeu que sua vida afetiva tornara-se árida. De vez em quando, um oásis — namorava alguns meses —, depois, novamente o deserto.

"Não consigo uma relação duradoura, o que há de errado comigo?"

Inicialmente, ela acreditava que fosse um defeito de fabricação, mas com o tempo compreendeu que havia uma crença inconsciente, uma afirmação de que não merecia a felicidade: "Se meu pai me abandonou é porque eu não possuo as qualidades necessárias para ser amada. Conclusão: nenhum outro homem vai me amar."

Por causa disso, Solange encontrava meios inconscientes de sabotar os encontros afetivos: uma frase inadequada, um olhar displicente e entediado, a irritação ou mesmo afirmações sobre a importância de sua liberdade. Assim, os pretendentes se afastavam ou também levavam o relacionamento "na flauta", sentindo que não evoluiria para algo mais profundo. Dessa forma, seus relacionamentos afetivos eram estabelecidos e mantidos dentro de um padrão superficial que garantia a Solange, caso fosse abandonada, que não voltaria a sofrer.

22 A Terra é azul

MESMO CONSIDERANDO AS NUMEROSAS CONQUISTAS NOS terrenos da ciência e da tecnologia, um breve olhar pelo mundo deixa bem claro a má qualidade da criação humana. Fica claro que falta alguma coisa, a espinha dorsal, o sopro divino que daria sustentação ao que criamos. Nossa crença costuma estar plantada em valores materiais, um mundo frágil, a ponto de desaparecer diante de um furacão, maremoto ou qualquer outro cataclismo natural, ou por atos terroristas de qualquer origem, conseqüência de nossos atos cotidianos. Não é preciso o holocausto atômico, uma cidade inteira pode entrar em falência após um furacão, como aconteceu em Nova Orleans, em 2005. De uma hora para outra, seus habitantes acordaram sem casa, água, comida ou qualquer tipo de comunicação com o mundo. Todo o progresso tecnológico pode desaparecer sem deixar vestígio, revelando a enorme fragilidade de nossas conquistas.

Para qual direção estamos conduzindo nossas vidas?

Desviamos o curso dos rios, explodimos experiências atômicas ou contaminamos nossas águas e assim, também, tratamos nosso corpo e a vida humana. O resultado é o total desequilíbrio. O planeta sofre e reage. O ser humano está sofrendo e nunca esteve tão doente da alma. Por um lado, conseguimos desenvolver uma medicina capaz de diminuir a mortalidade humana; por outro, criamos guerras e danos ao meio ambiente capaz de multiplicar a mortalidade.

Tantas guerras dentro e fora de nossos corações refletem a intensidade de nossos conflitos. Por quanto tempo ainda seguiremos como zumbis levados a agir pelo medo?

Não será hora de repensar os valores e recriar o progresso, com bases estruturadas em algo mais sólido do que apenas a realidade material?

O que estamos fazendo com nossas dores, nosso corpo, nossas idéias?

Em que direção estamos conduzindo nossas vidas?

Uma transformação capaz de mudar o olhar, capaz de redimensionar nossas metas e valores. Acredito que a arte pode nos ajudar a transformar esse olhar, a resgatar a poesia e a capacidade de nos emocionarmos com o nascer e o pôr-do-sol. Acredito, ainda, que a identificação com a condição humana trará a compreensão de que as linhas que separam pátrias e territórios são imaginárias, nada mais que símbolos para lidar com a realidade material.

Sem dúvida, a verdadeira arte é um poderoso instrumento para transformar a dor e a tragédia em esperança, seguindo exemplos registrados ao longo da trajetória humana. Desde os primórdios da humanidade, sempre houve seres com um olhar pessoal assinalando a criação divina através da poesia, filosofia, música, pintura, escultura e até mesmo, da política e da ciência. A estética poética pode ser encontrada em toda parte, dependendo apenas do olhar transformador sobre nossas ações, um olhar a favor da vida, da beleza e do amor.

23 Deslizando na luz

Foi marcante acompanhar a experiência de Mauro, um paciente de 42 anos, que se encontrava diante do que classificou "uma encruzilhada": "Trabalho há vários anos na redação de uma revista, sem encontrar estímulo nem perspectivas. Permaneço no emprego apenas pelas vantagens que o tempo de trabalho me garante."

Certo dia, um novo mundo abre-se à sua frente: ele recebe uma proposta para editar uma revista em Recife, sobre meio ambiente. Esse sempre fora o seu sonho. Lá, ele teria a chance de realizar o que considerava o verdadeiro jornalismo crítico, construtivo e informativo.

O emprego atual lhe dava certa estabilidade enquanto a nova oportunidade se apresentava como um grande desafio. O que fazer? Mudar de emprego? Mudar-se para uma outra cidade? Mudar a escola dos filhos?

Para seguir em frente, ele considerava a hipótese de pedir demissão, os riscos que corria e a dificuldade de abrir mão de alguns hábitos — o bar e o papo com os amigos nos fins de semana. Por isso, adiava a decisão, sentindo-se incapaz de fazer sua opção.

O fato decisivo que definiu sua posição aconteceu quando Mauro fez uma regressão a uma vida passada, atravessando o trauma da morte. A experiência aconteceu mais ou menos assim: ele fora um homem poderoso e morrera de repente, vítima de um ataque cardíaco. Levou algum tempo para entender que havia mudado de dimensão, que passara para o lado de lá, sob outras leis, às quais teria que se adaptar.

Inicialmente, sua descrição é recheada de angústia. Ao resistir ao movimento natural, ele embarca numa experiência dolorosa e traumática.

"Tristeza... muita tristeza e medo."

No início, estranhou o ambiente, não reconheceu algumas pessoas que circulavam à sua volta e sentiu vontade de voltar para casa, de resolver os problemas pendentes, de rever a família e os amigos, aprisionado aos hábitos, afetos e à segurança conhecida. Mauro observou que na vida que tivera no passado havia desenvolvido valores espirituais: um bom grau de desapego; amor e respeito ao próximo na proporção de sua auto-estima; e, mesmo sem ser adepto de nenhuma crença religiosa, vivera em completa harmonia.

Após alguma confusão, ele mergulhou em profundo sono reparador e, ao acordar, começou a perceber, gradativamente, que havia mudado de dimensão, e perdera o corpo físico, e que, por ora, pertencia a uma outra realidade. Posição, compromissos, vínculos tinham ficado para trás. Um pouco atordoado, relembrou o momento da morte, a difícil travessia da zona terrestre e a variada freqüência material onde tudo se move, se transforma, começa, chega ao ápice e acaba.

Relembrou como saiu do corpo, ainda atordoado, e foi atraído com muita força a um longo corredor, atravessando várias portas que se abriam à sua passagem. Sua atenção foi atraída pelos rostos conhecidos, a família, a mulher, os filhos, os amigos, a casa que acabara de reformar e seu cão labrador. Cenas dos momentos vividos, muitos deles felizes, outros tristes, perdas, vitórias, os diversos corpos que teve a cada etapa de sua vida — bebê, infância, adolescência, fase adulta. Cada vez mais rápido, sua vida passava como um filme, sem começo nem fim, sem nenhum critério de valor, apenas experiências diante de seus olhos.

Mauro descreveu sua hesitação, a tentativa de voltar; na velocidade da experiência fechou os olhos para livrar-se do tormento, dos apelos do passado que tentavam fazê-lo parar e olhar para trás. Ele resistiu, porque sabia que, assim, a transição ficaria menos dolorosa. Desviou a atenção do que possuía na Terra, para entregar-se à intensa experiência de expandir-se numa nova dimensão.

De repente, tudo cessou e, pouco a pouco, ele foi invadido por uma intensa sensação de calma. Procurou à sua volta uma referência e percebeu que se encontrava num espaço amplo, coberto por suave névoa. Respirou fundo e relaxou. Naquele momento, percebeu que não tinha nenhum controle sobre os acontecimentos e, para reduzir o medo que começava a crescer, ele se concentrou e pediu ajuda. Não foi uma prece decorada, como as que ele ouvira na infância, mas uma oração que vinha do fundo de sua alma, consciente da insignificância e, ao mesmo tempo, da grandeza de sua experiência. Seu pensamento entrou em completa harmonia com o mundo que o estava colhendo, as palavras brotavam com sinceridade, criando a ponte do humano ao divino.

Pouco tempo depois, um enorme raio de luz apareceu na sua frente, refletindo vários fachos de luz colorida que o envolviam, transportando-o em direção à sua nova moradia. O trajeto atravessava variadas freqüências de campos energéticos que emanavam diferentes cores e intensidades de luz que iam provocando transformações visíveis em sua aparência. Ele foi se tornando cada vez mais jovem e leve.

"Siga em frente!" Uma voz firme o estimulava a seguir em direção ao final da viagem, onde uma luz azul o aguardava. Vencendo o medo, finalmente ele mergulhou na maravilhosa sensação de flutuar sem o peso da matéria. Tudo é pura magia!

O universo pulsando à sua volta em milhares de pontos luminosos. Ele relaxou e se entregou ao momento de total integração.

"Não sei quanto tempo fiquei levitando, até que me encontrei num imenso gramado, onde havia uma construção brilhante com abóbada de cristal. Entrei e vi vultos muito claros e luminosos flutuando suavemente. Na minha bagagem, apenas as vivências, os afetos, tudo o que iria servir de base ao meu novo papel nessa misteriosa engrenagem universal."

Essa vivência passada abriu a visão de Mauro, levando-o a compreender a importância do novo capítulo que teria de enfrentar na vida atual. Ele deveria se movimentar, deixar para trás o que havia sido e seguir em frente!

Mauro aceitou o novo emprego e começou uma nova vida.

"Nunca ande pelos caminhos traçados, pois eles conduzem somente até onde os outros já foram."

Graham Bell

Parte Dois

Exercícios para mudar padrões

Introdução

A PRÁTICA DIÁRIA DE ACOMPANHAR PESSOAS NA DIFÍCIL arte do autoconhecimento trouxe-me a certeza de que, sem o esforço para colocar em prática aquilo que foi percebido mentalmente, nenhuma mudança real acontecerá. Atenção e intenção são as bases para qualquer transformação; talvez por isso muitas pessoas se encontrem insatisfeitas e apenas poucas decidam pagar o preço da mudança e consigam mudar para melhor.

Com o mestre zen Shin Jian-Liao aprendi que devemos nos perguntar com freqüência para onde e como estamos indo, impedindo que os hábitos dirijam nossas vidas. Com ele aprendi ainda a responsabilidade por cada pensamento, pois os fatos externos não são responsáveis pelos nossos sofrimentos; é a nossa mente que nos conduz ao céu ou ao inferno de nossas vidas.

Para ajudar o leitor a colocar em prática o que assimilou intelectualmente na primeira parte do livro, selecionei alguns exercícios que venho utilizando nos workshops que realizo para o público leigo há vários anos. Esta segunda parte tem como objetivo completar o conhecimento sobre o universo interior, treinando a mente para se libertar do passado, mantendo o foco de nossas ações no tempo presente. Os resultados são animadores para aqueles que acreditam que podem construir um futuro melhor do que o passado que carregam nas costas.

Os exercícios de limpeza energética são indispensáveis para o equilíbrio dos campos eletromagnéticos que servem de comunicação entre o espírito e o corpo físico. Equilibrados, esses campos causam bem-estar e boa saúde. Outros exercícios trabalham o autoconhecimento, combatem os sentimentos excessivos de medo, raiva, culpa, e o estresse, e harmonizam o corpo e a alma.

A prática constante dos exercícios desenvolve a habilidade para criar imagens mentais positivas, a fim de fortalecer a vontade e a mudança de hábito. Expandir a criatividade pelo treinamento mental, indispensável para superar os problemas que a vida constantemente apresenta. Além das vantagens citadas, as práticas de meditação e expansão da consciência ampliam as percepções, levando à compreensão do mundo de forma mais ampla, livre de condicionamentos desnecessários.

Seu envolvimento com o dinheiro também poderá mudar com os exercícios que fortalecem a relação entre dar e receber, indispensável para que a abundância encontre campo fértil para se instalar. A vontade firme e a comunicação entre os hemisférios direito e esquerdo do cérebro poderão ser desenvolvidas pela integração da razão com os sentimentos. Dessa forma, mais pleno, feliz e consciente de suas necessidades, você deixará ao ego — cuja percepção está restrita à dimensão material — a tarefa de executar suas metas evolutivas.

(*Os exercícios devem ser acompanhados de música clássica ou* new age.)

24 Limpeza energética

A LIMPEZA ENERGÉTICA E A CRIAÇÃO DE CAMPOS DE FORÇA servem para nos proteger das influências negativas. O método é simples e eficaz: trabalha a higiene mental, tão necessária quanto o asseio físico. Para escovar a alma, precisamos realizar uma faxina diária nos pensamentos.

Aproveite o banho de chuveiro para eliminar as energias deletérias do seu organismo, visualizando uma enorme bola de luz branca acima de sua cabeça. A seguir, com a firmeza de intenção, movimente-a, fazendo-a descer até os pés e, depois, subir até a cabeça. Repita esse movimento várias vezes. Após dominar o exercício, uma sensação vibracional percorrerá todo o seu corpo.

25 Harmonização e saúde

PODEMOS MUDAR, DE FORMA GRADATIVA, UM PADRÃO RESpiratório inadequado, colocando em prática o seguinte:

Feche os olhos, observe sua respiração e fique sabendo que seu corpo físico é um incrível laboratório movimentado por forças superiores desconhecidas, com as quais você poderá entrar em contato. Para isso, exercite melhor a respiração e crie a ponte energética que integra a realidade de seu corpo físico ao seu espírito. A seguir, abra bem o tórax, enchendo os pulmões de ar, até que a distribuição dessas energias se realize por todo o seu organismo. Expire, longamente, e elimine as toxinas, revigorando seu organismo físico e mental.

Observe agora as áreas do seu corpo que estão em desequilíbrio. Para descongestionar os órgãos afetados por suas emoções reprimidas ou exacerbadas, direcione para esses pontos sua energia mental, visualizando o caminho livre, em plena circulação, e as células brilhantes e revitalizadas.

26 Para combater o medo

IMAGINE O TIPO DE MEDO QUE MAIS O INCOMODA (ELEVAdor, lugares fechados, multidão etc.), sinta-se lá e avalie os pensamentos que surgem em sua mente, sem se permitir ser levado ao pânico.

Toda idéia de medo deve ser substituída por uma idéia contrária de igual intensidade que alimente sua autoconfiança. Por exemplo: se você tem medo de elevador, comece a visualização entrando num elevador, apertando os botões de todos os andares e observando a possibilidade de você sair em cada andar que ele parar. Faça isso várias vezes, até se sentir à vontade com a idéia. Se o medo é o de fracassar, passe a construir cenas de sucesso em sua mente; se for de acidentes, trate de criar imagens em que se sinta protegido. A técnica exige persistência, porque o exercício deverá ser feito sempre que a idéia negativa surgir em sua mente.

Diante do medo da morte, passe a observar mais atentamente as bênçãos que a vida lhe oferece. Diante do medo do abandono, procure aproveitar o melhor possível a companhia de outras pessoas, sentindo-se feliz por estar com elas na troca de bons momentos e de afetividade. Antes de tudo, porém, olhe de frente seus medos e aprenda a sorrir de seus temores infundados — como uma criança aliviada, após a retirada do lençol que cobre quem se finge de fantasma. A maior parte daquilo que tememos, na verdade, não existe; são apenas fantasias, idéias que precisamos aprender a dissipar de nossa mente.

Quando o medo, a ansiedade, as dúvidas ou as preocupações invadirem sua mente, lembre-se do seu principal objetivo na vida — as metas que você quer atingir, aonde quer chegar. Isso lhe trará confiança e entusiasmo!

Tente aprender alguma coisa nova em cada momento do dia, assim como as crianças, curiosiosas para descobrir a vida. Isso deixará seu coração repleto de alegria.

Vamos conferir como a mente funciona ao criar fantasias negativas?

Feche os olhos e relaxe. Lentamente, comece a construir um animal com as seguintes características: patas de um elefante recém-nascido e o corpo comprido de girafa. Consegue visualizar a imagem?

Vamos continuar completando seu animal de estimação: a cabeça deve ser a de um mico selvagem, mas com longos bigodes de gato siamês. Ah! não se esqueça de colocar dentes de coelho. Muito bem, está pronto.

Observe como sua mente constrói monstros com facilidade, mas não se assuste: da mesma forma que essa imagem foi construída, poderá ser desfeita; basta você se concentrar e projetar sobre ela um forte vendaval, reduzindo a pó tudo o que foi criado e que não lhe agradou.

Viu como é fácil?

Observe e faça uma lista dos pensamentos que vão e voltam na sua mente. Assim, ficará mais fácil identificá-los. Na etapa seguinte, você deverá usar esse exercício como base para observar como os pensamentos negativos vão se formando em sua mente.

27 Autoconhecimento

(Papel e caneta na mão./Identifique e anote.)

Observe o que mais lhe desagrada:
1. A pessoa que é ousada.
2. A pessoa que não leva desaforo para casa.
3. A pessoa que é independente.
4. A pessoa que está de bem com a vida.
5. A pessoa que demonstra seus sentimentos.
6. A pessoa que reconhece os próprios erros.
7. A pessoa que é bem-sucedida no que faz.
8. A pessoa que faz amigos com facilidade.
9. A pessoa que recebe crítica sem justificar-se.
10. A pessoa que supera os momentos difíceis sem se lamentar.

Os itens escolhidos são os seus pontos fracos. É tudo o que você tem dificuldade em aceitar e o incomoda quando é exteriorizado por alguém.

28 Para conhecer suas emoções

- Quando não se deve demonstrar raiva?
- Como lidar com a raiva quando ela surge?
- Observe os momentos recorrentes em que você se sente vulnerável à raiva.
- Observe as diferentes manifestações de raiva em outras pessoas e veja os comportamentos semelhantes ao seu.
- Observe momentos e situações em que você se sente desconfortável. Identifique os sentimentos que envolvem esse desconforto.
- Indique qual o sentimento mais freqüente em sua vida: medo, raiva ou culpa.
- Como tem expressado esse sentimento nos relacionamentos?
- O que você pode fazer para melhorar sua vida?

29 Para combater o estresse

A PRIMEIRA ETAPA PARA INICIAR A REGRESSÃO DE MEMÓRIA é aprender a relaxar, beneficiando-se dos efeitos que a postura meditativa proporciona. Observar a respiração, aprender a acalmar-se, corrigir e ampliar o ato de respirar como forma de se desligar das preocupações e das tensões.

Deslocar, depois, o pensamento para a realidade interior, aprendendo a manter a mente em estado de auto-observação. Isso é muito importante para a saúde mental e física.

Exercite o hemisfério direito do cérebro com visualização criativa — cores, luzes e formas criativas que elevam a freqüência de seu pensamento, permitindo a interação entre os dois hemisférios cerebrais.

Em seguida, procure trabalhar sua memória biográfica, buscando o momento em que a dificuldade começou, procurando lembrar e reviver o fato inicial que está afetando, ainda hoje, seu equilíbrio físico, emocional e mental. A regressão de memória, quando realizada sem o acompanhamento de um profissional, não deve atingir áreas inconscientes, restringindo-se apenas, à memória de fatos conscientes da vida atual que apresentam forte carga emocional.

Observe os sentimentos. Deixe vir à tona os medos, as culpas e raivas do passado; a seguir, relacione-os com suas dificuldades atuais.

30 Para combater a insônia

Cortinas fechadas, música suave e nada de brigar com a insônia. Relaxe com a respiração longa e suave. Se o sono demorar, não fique se virando de um lado para outro na cama, levante-se e acalme a mente, tome uma xícara de leite ou chá morno e só volte a deitar-se quando estiver com sono.

Cada pensamento agitado, cada problema deverá ser substituído por um pensamento tranqüilo que provoque bem-estar e faça sua alma sorrir. Ajuda muito se lembrar de momentos agradáveis vividos ao ar livre, numa praia ou montanha.

31 Para avaliar as pessoas que o cercam

- A maioria das pessoas de seu relacionamento está em melhor ou em pior condição financeira que você?
- Suas amizades costumam incentivá-lo a realizar novos projetos e também seus sonhos?
- Ao contar-lhes algo de bom que aconteceu a você, elas costumam reagir com entusiasmo ou com indiferença?
- A maioria de suas amizades parece mais forte ou mais fraca que você?
- Você sente que está sendo ouvido quando fala ou expressa seus sentimentos?
- A maioria de suas amizades é de pessoas que se consideram realizadas?
- Você se sente melhor ou pior ao lado de suas amizades?
- Elas o apóiam no sucesso e nas vitórias?
- Elas vibram com seus fracassos?

- Suas amizades reconhecem suas qualidades?
- Aceitam seus defeitos, sem querer humilhá-lo?

Avalie as respostas e observe se você está ao lado de pessoas que merecem sua companhia, que são capazes de estimular o desenvolvimento de suas habilidades e seu potencial humano, ou de pessoas que alimentam em você sentimentos de inferioridade.

32 Técnica de visualização criativa para combater a depressão

Use a seguinte técnica: antes de deitar-se, relaxe e se desligue de todas as preocupações, visualizando em sua mente aquilo que deseja conquistar: saúde, um companheiro, ou companheira, uma casa melhor, aumento de salário ou uma família feliz e próspera.

Procure repetir esse exercício todas as noites, porque, ao pensar em sua meta, ela passa a fazer parte de sua realidade. Assim, seu subconsciente, que trabalha em silêncio, obedecerá ao seu comando, encontrando os meios, dentro das possibilidades, para tornar realidade seu sonho.

Tenha sempre em mente os valores que são importantes para a sua vida: o tipo de parceira, ou parceiro, as qualidades, como se preparar melhor para um novo tipo de trabalho ou permanecer onde está, em melhores condições.

Questione seus sentimentos e sua situação pessoal:

- Como estou me sentindo neste momento?
- Por que estou me sentindo mal?
- Volte no tempo, até três dias antes de a depressão ter começado e encontre o fato que provocou o mal-estar.
- Tente encontrar quem poderia tirar proveito do fato de você se sentir tão deprimido.
- Não se censure. Encare suas dificuldades e avalie o grau de sua vaidade, egoísmo, orgulho, culpa e medo, perguntando-se:

  — Do que tenho medo? De cumprir com as minhas responsabilidades? De ser feliz e perder tudo depois? De que meu sofrimento seja eterno?
  — Em que situações me sinto humilhado?
  — O que mais temo perder?
  — O que posso fazer para mudar?
  — O que estou lucrando com essa depressão?
  — Que atos já cometi que possam estar fazendo com que me sinta uma pessoa culpada?
  — Usei e abusei de alguém?
  — Trapaceei? Iludi? Roubei?

- O que posso fazer para mudar esses sentimentos?

33 Para lidar com pessoa depressiva

Considere:

- que a depressão é uma doença;
- que é preciso ter muita paciência;
- que, mesmo estando próximo, deve-se manter certa distância emocional;
- a compreensão dentro dos limites possíveis, sem se colocar à disposição;
- demonstrar seu desagrado diante de qualquer comportamento que o atinja;
- a possibilidade de ajudá-la a organizar suas atividades, uma a cada dia;
- não vigiá-la;
- não bater em suas costas dizendo "Isso logo vai passar";
- não se magoar nem se remoer com o que ela faz impulsionada pelo humor instável.

34 Força mental

Os pensamentos são obras da mente, portanto, devem ser guiados para que nossas metas possam ser alcançadas. Se você quer melhorar de vida, deve usar o poder mental para criar imagens construtivas que possam ajudá-lo a superar as dificuldades.

De olhos fechados, relaxe e imagine que está montado num cavalo que representa sua mente subconsciente. O animal apenas obedece a seus comandos, não sabe quais são seus objetivos, obedece percorrendo o caminho que você determina.

Leve-o por uma estrada, atravesse obstáculos, até chegar a um lugar em que você deverá criar uma cena que represente sua meta. Crie cada detalhe: o local, a situação, as pessoas envolvidas, os diálogos.

Depois de repassar a cena mais de uma vez, retorne ao momento presente, observe seu corpo e sua respiração, movimente pés e mãos e abra os olhos.

35 Harmonização dos chacras

COMO O ASTRONAUTA NECESSITA DE UMA VESTE ESPECIAL para sobreviver no espaço, o espírito precisa da veste carnal para sobreviver na Terra. Para atravessar a densidade do corpo material recebemos a energia cósmica através de transformadores de energia chamados chacras.

Feche os olhos, visualize os sete chacras interligados por intensa luz branca:

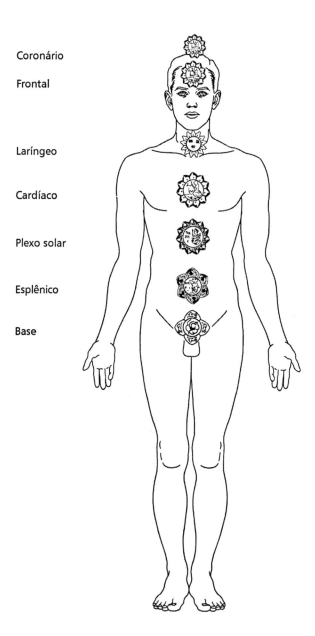

O corpo humano e os sete chacras

Observe agora todos os seus chacras e a seguir ligue o chacra coronário às dimensões solares (espirituais) e o chacra básico às energias telúricas (físico e emocional).

Inspire, iluminando-os, e, depois, expire, jogando fora as energias que não servem mais. Faça esse movimento, circulando do alto para baixo, sete vezes.

36 Para fortalecer a vontade

Feche os olhos prestando atenção às pulsações cardíacas. Deixe o ar entrar em seus pulmões e visualize um tubo de luz dourada que penetra pelo alto de sua cabeça. Agora, o tubo dourado desce em direção ao solo, subindo em seguida de volta ao alto da cabeça. Complete esse exercício mental com raízes luminosas de cor prateada que saem da planta dos pés e penetram no solo, alongando-se até atingir o centro da Terra.

Já conectado ao mundo físico e ao espiritual, concentre-se nas metas que pretende realizar, aguçando a atenção e a concentração. Sinta a energia circular formando um campo de força à sua volta.

Nesse momento, visualize sua meta e deixe a imagem bem definida em sua mente; depois, projete-a numa espiral luminosa que sai do alto de sua cabeça em direção ao espaço superior.

Volte sua atenção ao campo de energias que o envolve, e, gradativamente, traga sua atenção para o mundo material, sentindo os pés, as mãos, a temperatura ambiente, fazendo movimentos suaves com o corpo, alongando-se.

Abra finalmente os olhos, observando formas e cores à sua volta.

37 Três passos para mudar hábitos negativos

Procure criar em sua mente a idéia de liberdade, depois pense em libertar-se de qualquer hábito negativo — fumar, beber, consumir drogas pesadas, ter relacionamentos destrutivos, compulsão alimentar ou qualquer outro padrão que o esteja incomodando.

Primeiramente, observe o sofrimento que esse hábito está provocando; depois encontre uma vantagem que ele proporciona a você. Por exemplo: uma jovem se drogava porque, dessa forma, nunca lhe faltava companhia; um homem fracassava para não assumir a responsabilidade por sua vida e por sua família.

Se o seu caso é depressão, saiba que parte de sua mente o está destruindo com idéias repetitivas. Procure ajuda, olhe de frente os sentimentos de derrota, inadequação, inferioridade e as frustrações que o acompanham, só assim você poderá encontrar a ajuda de que necessita para mudar o padrão negativo em que está se apoiando.

Qualquer que seja o seu caso, faça o exercício abaixo:

1. Relaxe antes de deitar-se. Respire lentamente e abra bem o tórax. Expire lentamente até esvaziar completamente os pulmões. Repita várias vezes.
2. Agora que já está relaxado, vamos ao segundo passo: escolha sua meta e uma frase estimulante, positiva, que possa ficar gravada em sua mente para ser usada diariamente. Do tipo: "Sou capaz de parar de beber e encontrar outro hábito melhor"; "Posso alcançar sucesso"; "Sou capaz de ganhar dinheiro para minhas necessidades"; "Tenho equilíbrio e saúde"; "A comida não preenche minha necessidade de afeto" etc.
3. Antes de adormecer, de olhos fechados, imagine um momento no futuro quando sua meta será atingida. Visualize a cena, detalhadamente, para alcançar a mudança de padrão. Se sua atenção divagar, traga-a de volta ao seu objetivo e reconstrua a cena com diálogos, cores e movimentos até adormecer.

Repita o exercício todas as noites, antes de dormir. Dessa forma você estará criando um novo padrão de pensamento que substituirá, pouco a pouco, os anteriores, que serviam de obstáculo às suas realizações.

38 Para superar preconceitos sobre o dinheiro

Repita diariamente as metas que deseja alcançar, visualizando o sucesso, destacando as alegrias que esse objetivo trará para você e para todos que possam ser atingidos por suas vitórias. Novamente, pense no dinheiro como algo positivo.

Um exercício poderoso que deve ser feito, com freqüência, para melhorar sua relação com o dinheiro: segure algumas notas e/ou moedas e observe bem o desenho impresso em cada uma delas. Depois, uma a uma, espalhe-as pela casa e desvia sua atenção delas, vá fazer outra coisa. Quando voltar mais tarde para recolher o dinheiro, olhe cada nota e/ou moeda que pegar, guardando-as cuidadosamente em sua bolsa ou carteira.

É importante também, ao fazer pagamentos em dinheiro, prestar atenção ao momento da entrega, observando bem as cores e os desenhos da nota. Ao assinar um cheque, faça-o com atenção, ciente do que está pagando. Registre bem o ato de dar e de receber para que sua mente registre a idéia do fluxo da vida: troca e abundância.

39 Para conquistar seus sonhos

Avalie:

- as possibilidades de felicidade que o projeto lhe trará;
- as possibilidades de felicidade que o projeto trará para a sua família;
- as contribuições que o projeto trará para um número maior de pessoas;
- seus pontos fortes (qualidades/talentos), que poderão ajudá-lo na realização do projeto;
- seus pontos fracos (defeitos), que poderão dificultar a realização do projeto;
- cada etapa para a realização do projeto;
- o que você terá de abrir mão para realizar o projeto.

40 Comunicação

Escolha uma pessoa e sente-se na frente dela. Um de vocês deverá se colocar na posição de emissor e o outro na de receptor.

Antes de emitir a comunicação, o emissor criará a imagem mental de uma bola azul, ou de qualquer forma geométrica, concentrando-se no ponto que fica entre as sobrancelhas, o chacra frontal. É preciso firmar a meta e a concentração, antes de enviar ao parceiro, de forma bem direcionada, a imagem criada. Marque um tempo e ao seu final o receptor deverá descrever o que sentiu, viu ou percebeu. A seguir, invertam as posições, ficando o receptor como emissor e vice-versa.

Esse exercício desenvolve a capacidade de receber e emitir, criando um novo hábito que o ajudará em todas as áreas da sua vida. Você saberá distinguir quando é hora de doar e quando é hora de receber. Os desencontros e as frustrações diminuem quando sabemos receber ou quando estamos atentos ao momento de doar. Muitos conflitos têm como causa a incapacidade de lidar com essas duas posturas de forma alternada.

41 Em harmonia com o fluxo da vida

PELA MANHÃ, AO ABRIR OS OLHOS, PROCURE AGRADECER PELO novo dia, mesmo que tenha de enfrentar alguma dificuldade. Agradeça, sempre, pela chance que um outro dia oferece de solucionar problemas, de superar dores, de ser um dia diferente, melhor!

A cada amanhecer escolha a felicidade como sua companhia. Isso significa que você vai escolher a ação correta, diante de qualquer acontecimento; que você está disposto a escolher o amor, a compreensão, a tolerância, a boa vontade e o bom humor em relação às outras pessoas e a si mesmo.

Ao sair de casa, respire fundo, observando como está o dia: ensolarado ou nebuloso? Procure encontrar beleza na forma como o dia se apresenta a você e agradeça por mais um dia e pela oportunidade de participar de novas realizações.

Se você é uma pessoa agitada que anda com passos rápidos, procure caminhar de uma forma diferente, tente passos curtos e lentos, experimente um novo olhar para a realidade à sua volta. Se, ao contrário, você costuma caminhar calmamente, faça o oposto: apresse o passo e constate como tudo à sua volta se torna um pouco diferente. Este é um exercício simples que poderá trazer excelentes resultados na sua forma de encarar a vida. Ao quebrar a rotina do olhar e mudar o seu ritmo, você estará proporcionando a si mesmo uma nova visão da realidade.

42 Harmonizando o corpo com o espírito

A IMAGINAÇÃO E A CRIATIVIDADE PODEM SER USADAS NA visualização para criar situações relaxantes e curativas e exercitar o amor incondicional. Para começar, faça a respiração e o relaxamento do exercício de harmonização e saúde, imaginando que sua consciência é um ponto de luz que sai de seu corpo mas permanece ligado a ele por um fio brilhante, e sinta-se leve e livre, como a borboleta ao sair do casulo da lagarta.

Atravesse mentalmente as paredes e ganhe velocidade. Chegue a um campo com vegetação abundante, aterrisse suavemente sobre a relva verde e macia, perceba o ambiente e inspire o odor agradável dos frutos e das flores à sua volta.

Junte-se às inúmeras borboletas que sobrevoam o lugar e vá com elas até um lago natural com o fundo de ervas aromáticas. Entre e mantenha a cabeça de fora sentindo a temperatura agradável da água até o pescoço. Perceba seus pés sobre as ervas entrelaçadas que servem para filtrar as toxinas do seu organismo.

Permaneça por algum tempo com a atenção voltada para a temperatura da água morna que envolve seu corpo e sinta os pés sendo massageados pela textura irregular das plantas curativas. Quando terminar, caminhe até a relva, onde um pano de linho branco está estendido à sua espera. Deite-se e deixe que a brisa suave e os raios solares tragam mais energia para o seu corpo.

Imagine agora um ponto brilhante num jardim, caminhe até ele e veja uma espiral crescer à sua frente. Penetre-a, deixando-se girar num espaço branco repleto de pontos luminosos multicoloridos.

Lá, de muito distante, você pode ver a Terra — um ponto azul, girando no espaço. Concentre-se e projete a luz que envolve você em direção aos pontos mais obscuros do planeta. Ao terminar, deixe a espiral trazer sua consciência de volta ao seu corpo, sentindo suas mãos, os batimentos cardíacos, a respiração e as pálpebras. Abra os olhos e localize um ponto no ambiente, uma cor, uma forma ou um objeto, e sinta-se em tempo presente no mundo material. Alongue-se por um bom tempo. Levante-se lentamente e tome consciência de que a vida é um presente valioso, através do qual exercemos vários papéis para que possamos evoluir por meio do aprimoramento de nossos defeitos.

Reflexões:

Onde está a criança que eu fui? As mágoas? Sonhos? Dores? Anote tudo.

Onde está o jovem que eu fui?

Ouça sua voz interior. Observe seus sonhos e os pesadelos, porque eles têm muito a dizer sobre o estado em que se encontra sua alma.

Recupere o olhar de quando era criança e admire o céu, o vento, sinta seus pés enquanto caminha, preste atenção ao sabor dos alimentos e comece as aulas de dança que sempre adiou, ou aquele curso que abandonou por "falta de tempo". Não reclame que não tem tempo, faça o seu tempo. Retome um projeto abandonado, ouça música, faça um poema, vá ao cinema ou realize aquela viagem tão sonhada. Se faltar dinheiro, caminhe descalço pela areia da praia, isto é de graça!

Mude seus hábitos por outros, mais adequados às suas necessidades. Se faltar companhia, faça companhia a si mesmo, vá a um café, pergunte-se o que é preciso fazer para arrumar novos amigos? E ouça as respostas dentro de você.

O que fazer para se reaproximar de sua família?

O que é possível fazer para melhorar na profissão?

Aprimore-se. Somos pedras brutas que precisam ser lapidadas pelo esforço pessoal e pela capacidade de transformar a própria vida.

A autora

CÉLIA RESENDE é escritora, conferencista e psicoterapeuta especializada em regressão de memória e terapia de vidas passadas, com cerca de 15 anos de clínica. Célia realiza palestras no Brasil e no exterior e cursos de formação profissional na Unipaz/Sul.

Sua trajetória é pautada pela pesquisa dos fenômenos da consciência e pelo trabalho social, respondendo, desde 2002, pelo Departamento de Terapia de Vidas Passadas, no Centro de Terapia Holística Dr. Lauro Neiva, no Rio de Janeiro.

Livros publicados: *Mangue: uma questão social* (Rio de Janeiro: Secretaria de Estado de Cultura do Rio de Janeiro, 1987); *Terapia de vidas passadas: uma viagem no tempo para desatar os nós do inconsciente* (Rio de Janeiro: Editora Nova Era, 1999); *Nascer, morrer, renascer* (Rio de Janeiro: Editora Nova Era, 2003).

Contatos com a autora podem ser feitos pelo e-mail: celia.resende@openlink.com.br

Este livro foi composto na tipologia Minion,
em corpo 11,5/16, e impresso em
papel off-white 80g/m² no Sistema Cameron
da Divisão Gráfica da Distribuidora Record.

Você pode adquirir os títulos da Nova Era
por Reembolso Postal e se cadastrar para
receber nossos informativos de lançamentos
e promoções. Entre em contato conosco:

mdireto@record.com.br

Tel.: (21) 2585-2002
Fax: (21) 2585-2085

*De segunda a sexta-feira,
das 8h30 às 18h*

Caixa Postal 23.052
Rio de Janeiro, RJ
CEP 20922-970

Válido somente no Brasil
www.record.com.br